越地文化系列读本
绍兴市越地元素通识课程

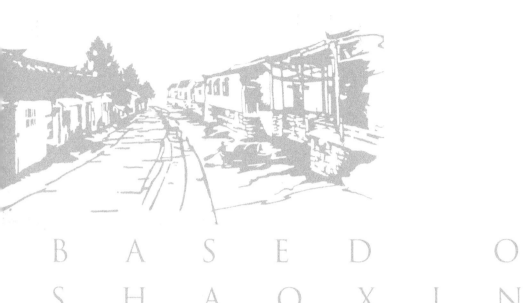

BASED ON
SHAOXING
TO SEE THE WORLD

立足绍兴看世界

徐晨超　徐思嘉　◎主编

ZHEJIANG UNIVERSITY PRESS
浙江大学出版社
·杭州·

图书在版编目(CIP)数据

立足绍兴看世界 / 徐晨超,徐思嘉主编. --杭州:
浙江大学出版社,2023.11
ISBN 978-7-308-24376-6

Ⅰ.①立… Ⅱ.①徐…②徐… Ⅲ.①绍兴—地方史
—高等学校—教材 Ⅳ.①K295.53

中国国家版本馆 CIP 数据核字(2023)第 214857 号

立足绍兴看世界

徐晨超　徐思嘉　主编

责任编辑	朱　辉	
责任校对	葛　娟	
封面设计	春天书装	
出版发行	浙江大学出版社	
	(杭州市天目山路 148 号　邮政编码 310007)	
	(网址:http://www.zjupress.com)	
排　　版	浙江大千时代文化传媒有限公司	
印　　刷	浙江新华数码印务有限公司	
开　　本	787mm×1092mm　1/16	
印　　张	9	
字　　数	176 千	
版 印 次	2023 年 11 月第 1 版　2023 年 11 月第 1 次印刷	
书　　号	ISBN 978-7-308-24376-6	
定　　价	35.00 元	

前　言

　　"立足绍兴看世界"是绍兴市越地元素通识课程,由浙江工业职业技术学院马克思主义学院开设。该课程整合了多门交叉学科的知识点,以越地文化为蓝本,比较古今中外文化之异同,培养学生的人文情怀、历史眼光、批判性思维和多元化包容意识。课程立足越地人文经典,涵盖越剧、书法等艺术领域,设有绍兴文化简介、大禹文化、黄酒文化、越剧文化、鲁迅文化、胆剑文化、师爷文化、书法文化、阳明文化、古越文化、水乡文化、绍兴文化与世界文化等专题内容。

　　目前,国内外与地方元素相结合的同类型课程开设较为少见,相关领域的图书通常涉及两个领域,一是城市史,二是中外文化比较。国外相关著述主要是一些著名的城市史,如克里斯托弗·希伯特的《罗马:一座城市的兴衰史》是畅销西方三十年的经典读本,又如杰里·怀特近期出版的《伦敦:一个伟大城市的故事》是其继伦敦"三部曲"后的又一力作。国内一些高校开设的中外文化比较课程,如北京大学辜正坤教授开设的"中西文化比较",武汉大学赵林教授开设的"中西文化精神差异",多使用自编讲义,且较为宏观。梁漱溟的《东西方文化及其哲学》、冯友兰的《三松堂全集》是学界较为著名的中外文化比较专著,但围绕一座城市的历史文化展开细致的中外文化比较的著作,国内目前尚未能搜寻到,开设相关课程的就更为少见了。

　　习近平总书记指出:"我们要特别重视挖掘中华五千年文明中的精华,把弘扬优秀传统文化同马克思主义立场观点方法结合起来,坚定不移走中国特色社会主义道路。"①站在一座城市的角度,用马克思主义的观点立场,发掘其各个方面的传统文化底蕴,进行大视野的中外文化比较,是一桩具有突破意义的事情,有其独到的历史和现实价值。

　　从本地文化内涵建设出发,绍兴正在着力打造"历史文化名城"和"东亚文化之都"两张金名片,通过中外黄酒文化、戏曲文化、古城文化、名士文化等的比对,从城市文明发展史的角度出发,探寻传统文化的中国特色,借鉴外国文化的同类优势,以此

发掘并加强具有中国特色的文化软实力,从而满足新时代城市建设发展的需要。

从思想政治理论课建设着眼,课程案例涵盖古今中外,涉及诸多教科研问题,比如处理吸收外国文化和文化安全的问题,文化凝聚力和国家统一的关系问题,意识形态领域的文化论证问题,传统文化与核心价值建设的问题,等等。"百年未有之大变局"中人类命运共同体正加速构建,以我国传统文化和城市历史视角进行全球瞭览,极具时代意义。

"立足绍兴看世界"首创以一座城市文化为蓝本的中外文化比较课程,以宏大的全球视野、深远的历史跨度、崭新的文化比较,审视一座古城的传统文化,借鉴优秀外国同类型文化,建构具有世界视野的文旅品牌格局,以此增强学生对越地文化的自信与热爱。

课程以多视角审视绍兴本土传统文化的历史沿革,从多维度引入思政元素,整理出一系列可就地寻访的思政课实践案例与资源,比如,中外哲学之城的异曲同工,中华民族自强不息精神与外国复仇理念的差异,等等,以此丰富越地通识课的教学资源,为实践教学开辟乡土教学的第二课堂。课程以唯物辩证法论证中外文化的共通与差异之处,以文化比对探寻和而不同的历史渊源,以一城管窥世界,彰显人类命运共同体的中国智慧;秉持"坚持中国道路"与"坚持胸怀天下"有机结合的理念,夯实马克思主义中国化道路的文化地基。

本书作为课程的配套教材,选取课程中的部分专题,由浙江工业职业技术学院公共基础教学部徐晨超、徐思嘉担任主编,各章分工编写如下:徐晨超编写第1、2章,徐思嘉编写第3章,鲁青青编写第4章,闫振伟编写第5章,方梦淳编写第6章,薛燕飞编写第7章,全书由徐晨超统稿。后续专题计划以系列读本的形式出版。

"立足绍兴看世界"课程开设时间不长,又有中外文化比较的特殊性,且涉及的学科门类较多,编写相关教材需要有长期的国学知识积累、较完备的知识结构和较强的外语水平与分析能力,因此本书难免有诸多不足之处。我们编写本书,除为课程提供可参考的教材外,还想借此抛砖引玉,促生更多更好的文化比较类著作,以此放眼世界,取长补短,弘扬中华民族深厚悠远的灿烂文化。

本书编写组

2023 年 8 月

目　录

第一章　绍兴文化简介

绍兴地处长江三角洲南翼,浙江省中北部杭甬之间,陆域总面积8279.07平方千米,下辖越城区、柯桥区、上虞区、诸暨市、嵊州市和新昌县。绍兴历史悠久,名人荟萃,素有水乡、桥乡、酒乡、书法之乡、名士之乡的美誉,是首批中国历史文化名城、首批中国优秀旅游城市,获得全国环境保护模范城市、全国国家园林城市、国家双拥城市等荣誉称号。绍兴以典型的江南水乡风光著称于世,虽无名山大川,却有稽山鉴水,钟灵毓秀,人称"东方威尼斯"。"千岩竞秀,万壑争流"的会稽山,"人在镜中,舟行画里"的鉴湖,构成了令人神往的水乡自然景观。绍兴以"鱼米之乡"著称,更以"人杰地灵""名人荟萃"而闻名。治水英雄大禹、越王勾践、书圣王羲之、爱国诗人陆游、巾帼英雄秋瑾、学界泰斗蔡元培、文化巨匠鲁迅、一代伟人周恩来⋯⋯英才辈出,引人景仰。"城是一个景,景是一座城",古城绍兴历经2500年的历史长河,沧桑依然,传承着特有的魅力和风韵。

绍兴的建城史可谓久远。史籍记载,夏代境内已筑有"侯城"。春秋战国时,所筑之城有会稽山上城、会稽山北城、越王城、阳里城、北阳里城、苦竹城等,因其规模较小,历史久远,多已无考。公元前490年,越王勾践臣吴至归越,卧薪尝胆欲定国立城,越国大夫范蠡受命"筑城立郭,分设里闾",从此绍兴在中国古城史上留下浓墨重彩的一笔。秦王政二十五年(前222),降越君,称会稽郡。东晋称会稽国,南朝复设会稽郡,并置东扬州。隋开皇九年(589)改置吴州。隋大业元年(605)起称越州,此后越州与会稽郡名称交替使用。南宋高宗赵构取"绍奕世之宏休,兴百年之丕绪"之意,于公元1131年改元绍兴,升越州为绍兴府,是为绍兴名称之由来,并沿用至今。

绍兴素称文化之邦。7000多年前的河姆渡文化中,已有先民对自然、社会和艺术认识的反映,绍兴本地的马鞍山文化遗址和诸多新石器遗址中更可看到先民们的思想信仰和审美意识。在远古众多的部族文化中,"黄河中游的汉文化,长江中游的楚文化和长江下游及东南沿海的越文化,是三足鼎立的三大文化","在这三大文化之中,越文化是唯一接触海洋的文化",也"是越文化不同于其他两大文化的特点"。(陈桥驿《绍兴农业发展史略·序》)这份独特滋养了绍兴这片神奇的土地,也孕育出悠久灿烂的特色文化。

一、绍兴的名士文化

两千多年来,绍兴地域出现众多誉满海内、雄称百代的著名学者,他们的思想卓荦英发、光辉夺目,他们的著述世不绝传、遗泽千秋。2020 年初,古城内的"绍兴名人馆"正式开馆,集结了千百年来绍兴各领域的百余位名人大家,生动诠释了"士比鲫鱼多"。这些名人文化,正是绍兴文旅融合的宝贵资源。绍兴乃人才之邦,名士大家代有所出。其杰出代表,汉有王充,魏晋有嵇康、谢灵运、王羲之,唐有贺知章、贺朝,两宋有华镇、陆游,元、明、清有徐渭、王冕、王阳明、张岱等。五四运动起,我国文学进入新的历史时期,伟大的文学家、思想家、革命家鲁迅就是这一时期我国优秀文化的继承者和民族新文化的开拓者。

春秋时期,随着生产的发展,诸子蜂起,百家争鸣,越国的学术思想也呈现繁荣昌盛的态势,并展现自己的特色。后来,勾践逐鹿中原,越文化与楚汉文化广泛交流。之后,越为楚属,楚越文化进一步融汇。秦汉以降,历魏晋南北朝而至隋唐五代,北方王朝更迭,战乱频仍,而南方相对安定。北人大量南迁,促进了南北经济、文化交流,越州学术思想有了长足发展,出现了许多雄视四海、享誉全国的大家名作,如王充和他的朴素唯物主义,魏伯阳和他的道家炼丹理论,支遁和他的佛学观,王羲之和他的书法学说,嵇康和他的玄学思想与乐论。

王羲之,字逸少,居山阴,早岁从卫夫人学书,继师前代名家,博采众长,精研体势,增损古法,一变汉魏朴质书风,创制妍美流便之今体,与钟繇并称"钟王"。王羲之精通各体,其草书之浓纤折中,真书之势巧形密,行书之遒劲自然,为中国书法艺术之巅,至今影响深及日本等国,人称"书圣"。王羲之传世作品有《兰亭集序》《丧乱帖》《孔侍中帖》《奉橘帖》《十七帖》《姨母帖》《王略帖》《袁生帖》《快雪时晴帖》等,书论有《题卫夫人笔阵图后》《用笔赋》《记白云先生书诀》等。其中,《兰亭集序》向称书法绝品,世人尊为"行书天下第一"。王献之,字子敬,王羲之之子,工书,诸体皆精,尤以行草著名。王献之所书气势豪迈,对前世书风多有变革,故有"破体"之称,于后世颇有影响,与其父并称"二王"。唐代张怀瓘《书断》认为:"逸少秉真行之要,子敬执行草之权,父之灵和,子之神俊,皆古今之独绝也。"

南宋偏安江左,定都临安,使中原文化精华荟萃杭、绍等地。明清时期,西学东渐,启蒙主义、人文学说与传统的儒家学说猛烈碰撞,绍兴的学术名家中出现许多观点鲜明、思想缜密、理论完整的学派和具有集大成意义的作品。

如徐渭,不仅以其绘画理论开创了青藤画派,且与弟子王骥德以及之后的祁彪佳等人发展了戏曲理论,成为与吴江派、临川派鼎足而立的浙东派。他也是明朝历史上最富传奇色彩的师爷,受聘于闽浙总督胡宗宪幕府,出计擒拿海盗徐海、诱杀王直,对肩负"抗倭"重任的胡宗宪多有辅佐,被誉为"绍兴第一名幕"。

王阳明的学说出现于中国封建社会"病革临绝"之际,对被程朱理学禁锢的思想界是一帖兴奋剂。他敢于从被视为金科玉律的程朱理学中解放出来,形成阳明心学,开创浙东学派。他的弟子又集中探索了阳明心学的某一侧面,创立了许多新的学派,真可谓彬彬大盛,蔚为大观,其影响远播日本、东南亚各地,至今不衰。其最初目的是为"破心中贼",即扫除农民与下层民众不利于封建统治的思想和行为,以恢复与强化封建伦理道德。其后,由于其理论体系的新颖与完整,且具反传统、反教条及反权威的内容,影响日益广泛,给后世学者开辟了一条勇于思考、敢于追求的道路,使阳明心学在明中期以后广为传播,成为中国哲学史上一座新的里程碑。

章学诚在传统文史领域贡献颇多,被后世誉为"浙东史学殿军"。正是经由章学诚、章太炎以及梁启超的构建,"浙东学派"这一概念日益广泛地为学术界所接受,成为清代学术史上一个重要的学派。在文史会通的考察和探究上,章学诚堪称佼佼者,其所著《文史通义》与唐代刘知几所著《史通》被后人称为中国古代史学的双璧。他还是中国方志学理论创始人,亲自主修了《和州志》《永清县志》《亳州志》《湖北通志》等10多部志书,创立了一套完整的修志义例,是中国历史上当之无愧的方志学泰斗。

近现代,随着新文化运动的兴起、马克思主义的传播和社会革命的深入,绍兴的社会科学名家以革命者和战斗者的姿态出现于各个领域中。辛亥革命时期,光复会诸子的民族革命和平民革命思想是我国民主主义革命思想理论的重要组成部分。其中,蔡元培学贯中西,与时代同步,是这一时期学界泰斗,他的思想不仅是对历史遗产的大总结,也是对未来世界的大探索,他的求索精神与学术成就,是绍兴学术界的表率与骄傲。中国共产党成立后,绍兴社会科学名家的思想得以引导到一个崭新的阶段。范文澜是我国马克思主义史学的奠基人。马寅初是新人口学说的创始者。新文化运动开拓者鲁迅的哲学观、教育观、历史观,尤其是文艺观和美学观,已成为中国乃至整个世界的宝贵文化遗产。

鲁迅作为中国现代文学奠基人,著有小说集《彷徨》《呐喊》,散文集《野草》《朝花夕拾》,杂文集《华盖集》《华盖集编》《三闲集》《二心集》《而已集》《南腔北调集》《且介亭杂文》;领导和支持了"未名社""朝花社"等进步文学团体;主编或与人合编了《语丝》《莽原》《奔流》《朝华周刊》《朝华旬刊》《萌芽月刊》《前哨》《十字街头》《译文》等文艺期刊;翻译了多种外国进步文学作品,整理了大量中国古典文学,编制了《中国小说史略》《汉文学史纲要》,辑录了《会稽郡故书杂集》《古小说钩沉》《唐宋传奇集》等。他一生著译近千万字,著作译成 50 多种文字,流布全世界。

故乡是每一个作家素材的宝库和灵感的源泉,任何一位作家的成长都离不开特定地域文化的熏陶、家庭的影响和时代的氛围营造。绍兴是鲁迅的故乡,绍兴独特的历史文化以及地理环境、社会结构、社会性格培育了鲁迅的情感性格、道德观念、价值取向与审美理想。绍兴的文化精神,始终是鲁迅精神世界的根基和斑斓人生的底色。而鲁迅之于绍兴,则是绍兴城市的骄傲,更是绍兴人的骄傲。鲁迅和绍兴是融合在一起的。第一,鲁迅已成为绍兴城市的符号。鲁迅是带着绍兴的烙印走入旧社会的文坛和思想界的,鲁迅笔下的故乡向大家展示了一个丰富多彩的绍兴形象,如阿Q、孔乙己、三味书屋、百草园、鲁镇、乌篷船、黄酒、社戏等人物和绍兴原生景观环境。这些由"鲁迅资源"而形成的"记忆"使绍兴成为一座无法避开鲁迅而存在的城市,鲁迅成为绍兴城市的象征,成为绍兴城市的良知,并且在时间的沉淀中进一步成为绍兴城市记忆的符号。第二,鲁迅文化是绍兴城市的底色。就绍兴城市文化发展的进程来说,鲁迅独特的精神内容和物质留存等精神资源和文化遗产,已经成为绍兴重要的城市记忆和文化名片。"鲁迅"名人效应的文化影响力、文化高地的资源优势和鲁迅纪念馆等文化地标的城市视觉印象,促使绍兴在城市文化的发展、传承和创新中,理所当然地将鲁迅文化打造成绍兴城市的底色。第三,鲁迅是绍兴文化发展的主引擎。鲁迅长孙周令飞说,"每个城市都需要有他自己的文化主引擎","鲁迅文化"就是我们绍兴城市文化发展的主引擎,"鲁迅精神"就是当前绍兴城市文化发展的活水源头之一。鲁迅的立德树人思想、理性批判和孺子牛精神,他的拿来主义、爱国情怀、开拓意识等,在塑造现代中国文化上具有不容置疑的重要性。在当前绍兴城市大力推进"重塑城市文化体系"建设的过程中,深入挖掘深厚的鲁迅文化积淀、繁荣丰富的鲁迅文化活动、构筑强劲的鲁迅文化产业、形成浓郁的鲁迅文化氛围,对于树立绍兴美好城市形象,提升城市的文化实力和塑造"国际名人城市"具有巨大的推动作用。

每当民族危急存亡之秋,绍兴文人名士总是站在斗争前列,言行一致,自始至终,铁骨铮铮,正气浩然。陆游一生抗金,终老不衰,临终赋《示儿》诗,为"亘古男儿一放翁"。在明清嬗变之际,刘宗周绝食而死;祁彪佳投水自尽;王思任大书"不降"两字,临终三呼"高皇帝"而亡;张岱自隐深山,发愤著《石匮书》,誓不投清。清末民初之际,辛亥志士更演出了一幕幕正气浩然的英雄壮举:徐锡麟遭剖胸挖心,毫无惧色,就义于百花亭中;秋瑾高歌《宝刀歌》《宝剑歌》,宁死不屈,血洒古轩亭口;陶成章芒鞋草绳,奔走山区平原、东瀛南洋,宣传革命,组织起义,光复之初,义无反顾,惨遭暗害。这些光复会人士反清反帝旗帜鲜明,临难不屈,临危不惧,既是杰出的思想家,又是无畏的战士。明代文学家王思任说得好:"夫越乃报仇雪耻之国,非藏垢纳污之地。"这是对绍兴历史传统的概括,也是绍兴学术名家献身精神的写照。鲁迅说:"会稽乃报仇雪耻之乡,身为越人,未忘斯义!"周恩来1939年回故乡时题词:"生聚教训,二十年犹未为晚。"这种精神代代相传,弘扬光大。他们的道德文章、人品文品是一致的。他们是民族的脊梁,时代的先锋。重气节,慎操守,坚持真理,敢于献身,这是绍兴名家的思想行为特色,也是绍兴名士文化最为世人所称颂之处。

二、绍兴的风物文化

绍兴许多传统名产经久不衰,享誉海内外,有其特殊之处。如绍兴酒,清代梁章钜《浪迹续谈》云:"今绍兴酒通行海内,可谓酒之正宗""实无他酒足以相抗,盖山阴、会稽之间,水最宜酒,易地则不能为良。故他府皆有绍兴人如法制酿,而水既不同,味即远逊"。越窑青瓷,为世人所宝,早在汉代会稽就已完成从陶到瓷的过渡,据测定,其时烧成青瓷的温度已能达到1310摄氏度。此外,平水珠茶被誉为"绿色珍珠",嵊县竹编被称为"东方珍宝",等等,均为利用本地得天独厚之自然条件、资源以及精湛技艺所创之精品。

绍兴黄酒历来出名,不乏朝廷贡品,在明代就已经开始远销海外。古时山阴(今绍兴市辖区)叶万源酒坊所产之酒,以其品质特优,专销日本和南洋群岛。1915年,绍兴酒云集记和谦豫萃、方柏鹿酒在美国旧金山巴拿马太平洋万国博览会上,分获金牌和银牌,产品远销英国伦敦、美国纽约、日本东京等地。1929年,绍兴酒在杭州西湖博览会上获金奖。中华人民共和国成立后,元红酒、加饭酒、香雪酒、善酿酒、花雕酒先后获国际金奖7个、国家金奖5个、省部级优秀奖30个。

绍兴酒一直是绍兴的传统产业,几乎是无村不酿酒、无人不沾酒,绍兴沉浸在一片酒意醉人的氛围之中。酒作用于社会,也作用于人,反映地区人们生产和生活特色的文化就十分自然地染上了酒的色彩。于是,酒文化成了绍兴乡土文化的一大特色,是一份珍贵的文化遗产。越王勾践"投醪劳师",汉武帝"初榷酒酤",王羲之兰亭"曲水流觞"修禊盛会,蔡元培每饭必酒,鉴湖女侠秋瑾"貂裘换酒"……漫漫数千年一路走来,绍兴黄酒,或温厚、或热血、或内敛、或放达,用岁月里层层叠叠的故事、人物,一路累积、酝酿出了其丰厚的滋味。喝黄酒,不仅是喝其数十年色香味的交缠,更是品逾千年的中华风骨。

茴香豆,系绍兴民间闲食,亦是城乡酒店四季常备之下酒物。民谣云:"好吃茴香豆,嚼嚼韧起起,要用谦豫、同兴好酱油。"(谦豫、同兴为绍兴两家老牌酱园)茴香豆看似简单易煮,其实大有讲究。要精选干蚕豆(俗称罗汉豆)、淘洗下锅,加水至浸没豆,猛火煮约15分钟,至豆皮周缘起凸、中间凹陷时,即加桂皮、茴香和酱油,再文火慢煮约 15 分钟始成。其时,豆皮青黄起皱,豆肉熟而不烂,软又韧,咀嚼时满口生津,香气馥郁,咸而透鲜。此豆越嚼越有味、越想嚼,极富绍兴风味。鲁迅笔下曾有描述之,故尤受外地游客欢迎,多购之以馈赠亲友。绍兴咸亨酒店日销茴香豆最多时达 300 千克。

绍兴梅干菜,据金汤侯所编《越游便览》载:"梅干菜有芥菜干、油菜干、白菜干之别。芥菜味鲜,油菜性平,白菜质嫩,用以烹鸭、烧肉别有风味。绍兴居民,十九自制。"先将芥菜洗净,晒三五日,待干瘪后再堆闷数日,待菜微黄发热时,即加盐用手揉搓,以菜软出汁为度。然后装入坛内压实,让其不漏气。腌 20 天左右,取出晒干,以每三五株为一簇,绞成双股,装入瓦坛,压以重器。绍兴梅干菜油光乌黑,香味醇厚,耐贮藏,食之能解暑热,清脏腑,消积食,治咳嗽,生津开胃。"梅干菜焖肉"为绍兴名菜,载入《中国菜谱》,鲁迅和周恩来都特别爱吃这道家乡菜。"乌干菜,白米饭",是绍兴民间独具特色的家常便饭。

日铸茶,又名日注茶、日铸雪芽,产于绍兴东南会稽山日铸岭,为中国名茶之一。宋代列为贡品,时人多有记载。欧阳修《归田录》载:"草茶盛于两浙,两浙之品,日注第一。"吴处厚《青箱记》云:"越州日铸茶,为江南第一。"杨彦令《杨公笔录》云:"会稽日铸山⋯⋯茶尤奇,所收绝少,其真芽长寸余,自有麝气。"日铸茶外形条索细紧略钩曲,形似鹰爪,银毫显露,滋味鲜醇,清香持久,汤色澄黄明亮,别有风韵。中华人民共和国成立前,日铸岭一带茶园荒芜,日铸茶制作工艺几濒失传。之后,逐步恢复。1980 年,被评为浙江省一类名茶。

越瓷产于绍兴城区和上虞。绍兴是中国青瓷发源地。早在商代,越民就率先采用叠压龙窑,烧制原始青瓷。唐代,越窑青瓷质量位居全国瓷器之冠,蜚声海内外。南宋后,越瓷渐趋衰落。20 世纪 50 年代开始,越瓷重放异彩,各类产品,古风犹存,质地更精,称为越窑新瓷。绍兴瓷厂精制的高温变色釉瓷器,发色灵敏,变幻莫测,是越瓷中的佼佼者,1981 年获轻工业部科技成果奖。兰亭牌青花瓷,瓷青花白,幽靓雅致,为国内外消费者所青睐。上虞陶瓷厂仿制的古代越窑青瓷——四系罐、鸡首壶、羊尊、蛙盂、狮形烛台、羊形烛台、觚、扁壶、荷花粉盒、熊足砚、龟形水注、龙柄凤头壶、香熏、鼎炉、碗、盏、盘等二三十个品种,釉色胎质,几可乱真。其中部分产品已被编入《中国陶瓷》丛书。产品除畅销全国外,还远销日本及欧美、东南亚等国家和地区。

三、绍兴的民俗文化

民风习俗本为一种非制度、不成文的文化现象，相沿成风，相习成俗。绍兴戏曲文化传统绵长，剧种、曲种多样，声腔、唱调丰富，剧作、剧论高超，作家、艺人辈出，是绍兴文化的重要组成部分，在中国戏曲史上具有重要地位。其中越剧作为全国第二大剧种，在民间具有巨大的影响力。

清代同治年间（1862—1874），嵊县（今绍兴嵊州市）农村出现"落地唱书"，以〔四工合调〕说唱《养媳妇回娘家》《蚕姑娘》之类的短篇农村故事，很快流行当地并逐渐传至杭、嘉、湖一带，形成长于叙事的新调〔吟哦调〕，开始说唱《赖婚记》《金龙鞭》等长本书。光绪三十二年（1906）春节期间，嵊县农村 6 名艺人首次化妆登台，演出《十件头》《赖婚记》《倪凤扇茶》，因只用笃鼓、檀板按拍击节，"的笃"之声不断，故称"的笃班"或"小歌班"，渐次衍变为一种地方戏曲，并流行于绍兴、宁波一带。剧目多半反映农民生活，主要有《卖婴记》《卖青炭》《箍桶记》等。

民国初年，小歌班流向上海，并以"绍兴文戏"（男班）为名与乱弹班——绍兴大班相区别。1921 年，绍兴文戏改原来的徒歌清唱为以丝弦伴奏，称为〔丝弦正调〕，出现魏梅朵、王永春、支维永、马阿顺、张云标、白玉梅、马潮水等一批优秀艺人，男班进入全盛时期。

1923 年，嵊县首次出现绍兴文戏女子科班。此后，女子戏班林立，称为绍兴女子文戏，简称女子文戏。女班所演剧目，多自绍剧、京剧移植，故又称文武女班、女子绍剧等。其时，为适应女子演唱而变〔丝弦正调〕为〔四丁调〕，演出于绍兴、宁波和上海。1936 年左右，绍兴女子文戏因扮相俊美、嗓音甜润、唱调流畅，逐渐取代了男班在上海的地位。当时著名女演员有施银花、赵瑞花、王杏花、屠杏花、姚水娟、马樟花、筱丹桂等，演出剧目多为才子佳人戏，如《梁山伯与祝英台》《三看御妹》《龙凤锁》《碧玉簪》等。1938 年，女子文戏创演新戏，开创新的表演程式，并改称"越剧"。

1942 年起，著名越剧演员袁雪芬等进行越剧改革，以剧本制代替幕表制，建立导演制度，改进服装、化妆、布景、灯光，充实乐队，在〔四工调〕的基础上发展出新调〔尺调〕，著名越剧演员范瑞娟又创制了〔弦下调〕，越剧唱腔逐渐形成多种流派。1943 年，中国共产党领导的浙东四明山革命根据地对越剧进行改革，剧团（称社教队）实行男女合演，编演《红灯记》《桥头烽火》《浙江潮》等现代戏。

中华人民共和国成立后，越剧事业得到迅速发展。越剧演出团体遍布全国 20 多个省级行政区，成为除京剧以外的全国第二大剧种。越剧在长期实践中，进一步形成了一种优美抒情、诗情画意的独特风格，而且出现了一批代表性剧目，如《梁山伯与祝英台》《西厢记》《红楼梦》《祥林嫂》《山花烂漫》《胭脂》等，其中绝大部分已摄制成影片。越剧还多次出国演出，受到国外观众的热烈欢迎。越剧演员队伍有了新的发展，不断培养出新的人才。20世纪50年代，遵照周恩来总理的指示，浙江省越剧二团、上海越剧院等先后开始进行男女合演试验，对男女唱腔的革新做了有益的尝试。男女合演不仅开拓了越剧的题材和表现能力，演出了不少现代戏，而且出现了一批为观众所喜爱的演员。

历代绍兴官府及宗教界人士，重视"神道设教"。凡生前于社会做过好事，于人民有杰出贡献者，死后往往被人们奉祀为神，以祭祀方式寄予信赖，如舜王庙、马太守庙、陆放翁祠、包公殿、张神庙、葛公祠等。但同时，也渗透着浓厚的封建迷信意识，把人当作神灵偶像来礼拜，长年香火不绝，成为良莠不分的民间习俗。而今，这类充满封建迷信的习俗越来越少，取而代之的是与时代同步发展而富有教育意义的纪念活动。中华人民共和国成立后，绍兴相继修葺鲁迅纪念馆、秋瑾故居、徐社、陶社、周恩来祖居、蔡元培故居、沈园、越王殿、大禹陵等，供海内外人士瞻仰、参观。大禹的卓苦之风，勾践的慷慨之志，陆游的爱国情操，秋瑾、徐锡麟的献身精神，鲁迅的"横眉冷对千夫指，俯首甘为孺子牛"的风格等，汇集浓缩而成的绍兴风尚，将永存青史、弘扬四海。其中，公祭大禹陵典礼在2007年升格为国家级祭祀活动，是绍兴规格最高的常规性纪念活动。

大禹是我国古代传说中治水有功的贤君，其鞠躬尽瘁、公而忘私的精神为历代史书所传颂。《史记·夏本纪》记载，大禹东巡时卒于会稽，归葬会稽山麓。《吴越春秋》载，其子启继位后，"使使以岁时春秋而祭禹于越"，以后历经数千年传承不绝。公元前210年，秦始皇"上会稽，祭大禹"，成为第一位亲祭大禹的皇帝，开创了祭禹祀典的最高礼仪。汉代复以大禹后裔为越王以奉禹祀，此后宗室族祭不断，历朝皇帝和地方官员也多特祭。北宋太祖颁诏保护禹陵，正式将祭禹列为国家常典。至明清时，祭禹制度更加完备，明代皇帝即位时大多遣官告祭，而清代康熙、乾隆更是亲至绍兴御祭大禹。民国时期，孙中山、蒋介石均曾拜谒大禹陵。浙江省政府亦拨款大修禹庙禹祠，于1935年竣工之后举行特祭，并指令绍兴政府每年例祭大禹。中华人民共和国成立后，大禹陵虽无祭祀盛典，但政府对陵庙一直悉心保护，屡加修缮。1995年，浙江省政府和绍兴市政府联合举行新中国成立后首次公祭大禹陵典礼，此后每年举行祭祀活动。2006年，"大禹祭典"入选第一批国家级非物质文化遗产名录。2007年，祭禹典礼由文化部和浙江省政府共同主办，绍兴市人民政府承办。大禹祭典从此成为"国祭"，形成了"北有黄帝陵，南有大禹陵"的中华民族祭祖格局。

文能化人，亦可兴城，书法始终是绍兴众多文化瑰宝中至关重要的一脉。从历史文化名城到东亚文化之都,从墨香浸润的文化生态到以书会友的国际盛会,在激发城市活力的同时,绍兴正以巨大的文化力量推动交流共融,谱写面向世界的精彩篇章。

东晋永和九年,书圣王羲之等 42 位名人雅士修禊兰亭,流觞赋诗,妙笔写就"天下第一行书"——《兰亭集序》。如今,每年的农历三月初三,绍兴都会进入"兰亭时间"——来自五湖四海的百位书法家挥毫泼墨,徜徉于汉字的时光长廊,与先人进行"跨时空对话"。"有文化才有故事",在交流互鉴中走向未来。这证明了汉字已不仅是中国文化的珍贵遗存,也是国家间共享的文化财富,正因如此,交流互鉴才更有必要。

作为中华书法圣地,绍兴与日韩等东亚国家的交流由来已久。其中,书圣王羲之和绍兴书法家徐三庚、赵之谦等在历史上对日韩书法、篆刻发展有着重大影响。在 2021 年举办的"欣于所遇——东亚文化之都中日韩书法邀请展"上,100 幅作品中有 15 幅来自韩国、21 幅来自日本。此外,中日韩书法家在兰亭书法节上的互动交流,兰亭书会在日本东京、韩国首尔设立研究院并组织书法交流等活动,无不充分彰显了绍兴在中外文明交流互鉴中的担当与情怀。2021 年 5 月 19 日,随着徐渭故里的开放,"畸人青藤——徐渭书画作品展"在徐渭艺术馆拉开帷幕。这场迄今规模最大、展品最优、参展单位最多的一场徐渭主题展,最终成为一场群众性嘉年华——全国各地的书画爱好者奔赴绍兴朝圣。江南水乡涵养了绍兴人在书法创作中的才气,相应地,书法创作也不断充盈着当代人的内心世界,成就绍兴文化自信的底色。

四、对话世界文化

义旅融合,彰显着中国人的文化自信。在世界文明交流互鉴的当下,绍兴将璀璨的地域文化与世界共享,让"诗和远方"并不遥远。

2020 年底,中日韩三国共同发布 2021 年"东亚文化之都"当选城市,绍兴名列其中。这是继国家历史文化名城后,绍兴拥有的又一张展示中国风范、走向世界舞台的名片。向世界展示绍兴数千年的绵延文脉和稽山鉴水的优美,是当代绍兴人的责任和使命。绍兴历史文化高峰耸立,毫不逊色于世界任何一个地方的文化高度。绍兴文化在与世界文化的碰撞中,散发出耀眼的光芒。"历史文化名城"与"东亚文化之都"相互依托,如绍兴城市的双翼,只有双翼齐飞,绍兴文化方能更好地走向未来。"东亚文化之都"是世界级的大平台,是绍兴城市发展战略的新的印记和符号,我们要立足于东亚,走向世界,让绍兴文化呈现出无限的活力。

目前,中日韩三国已经有 30 多个城市当选"东亚文化之都",中国现有包括泉州、青岛、绍兴在内的 15 座城市当选。各城市以此名义开展丰富多样的国际交流活动,促进世界文明对话合作。

于绍兴而言,2021 年"东亚文化之都·中国绍兴活动年"启动,文化和旅游部在绍兴成立中国"东亚文化之都"城市联合工作机制,"东亚文化之都"城市间文化交流实现常态化。绍兴古城是一个面向世界的文化大平台。这几年,绍兴努力在做的事,就是不断提升古城文化内涵,激活古城文化元素,实现"文"的"物化"和物的"文化",以"文"的"物化"显示文化亮度,将 2500 年无形文化通过物态化展示和业态化开发现出来,用文商旅的形式,激活古城,使之成为绍兴城市发展的新动能。

在"东亚文化之都"活动年,绍兴再次梳理了走向世界的"文化矩阵",以大禹、王羲之、王阳明、鲁迅等代表的名人文化为节点,以越国文化、南宋文化、运河文化、书法文化、黄酒文化、戏曲文化等为代表的历史文化节点,将以往的"点式"文化现象、文旅景点,用文脉传承串联成"线性"开发路径,再以区域文化特色集成"板块"文化高地,这是绍兴文化激活、传承、弘扬和创新的新路径。绍兴要构建起绍兴城市历史文化空间网络,不断打造有标识度的绍兴文化,以脉络和传承为纲,将所有的文化存在和文化现象串联成线,再以脉络和传承经纬交织,形成具有高辨识度、独特的绍兴文化 IP,绘好绍兴文化"美丽图"。

在活动年,绍兴同时推出公祭大禹陵典礼、兰亭书法节、纪念徐渭诞辰 500 年、纪念鲁迅诞辰 140 周年、阳明心学大会、中日韩工商大会、元培峰会、纪念《故乡》发表 100 周年系列活动等重大主题活动,通过活动平台让绍兴文化与世界文化相融。其中,在鲁迅诞辰 140 周年、《故乡》发表 100 周年之际,绍兴开展"鲁迅的《故乡》·我们的故乡""线上百国百故乡"对话等活动,推出中日韩三国学生同上一堂《故乡》课活动,与东亚各国人民共享鲁迅文化。

如何进一步激活历史文化名城的文化,让绍兴文化走向世界?绍兴进一步焕发古城文化魅力,加快打造"没有围墙的博物馆",为古城申遗打下决定性基础,精心挖掘历史文化资源,优化提升文化阵地建设,发挥好历史文化的记忆功能和对未来的启迪引领作用,促进文化产业繁荣发展。站在中华文化高度上,找到自己的文化定位和文化担当。文化是推动绍兴发展的原动力,绍兴要打造人人做文化、人人为文化、处处有文化、到处文化荡漾的氛围,让文化成为绍兴的标识,成为国际化的牵引,成为人才引入、招商引资最有吸引力的磁石。绍兴要进一步实现绍兴城市国际化、绍兴文旅国际化,开展文化和旅游国际营销。绍兴是杭州亚运会承办项目最多的协办城市,以此为契机,打响文化品牌,展示文化魅力。

品古城韵、秀中国风,更展示国际范儿。绍兴借力杭州亚运会等契机,推进"亚运城市"公共文旅服务一体化建设,完善国际化城市功能,展现绍兴特色、中国气派、国际风范。绍兴文化在与世界文化的碰撞中,散发出耀眼的光芒。

课后作业:

1.请同学们自行分组,并在课后把分组名单报给老师。有意向参与大禹文化汇报展示的小组及时与老师联系并确定主题。

2.绍兴的文化中你最喜爱哪一种?陈述你的理由。

3.思考绍兴文化的内核是什么,它的特色体现在哪里。

第二章 治水文化——救世与避世

大禹与绍兴关系密切。相传大禹娶妻于会稽涂山，得天书于宛委山，功成于了溪，大会诸侯于会稽，斩防风氏于型塘，死后归葬于会稽山。大禹的故事，在绍兴大地千古流传。大禹后裔为大禹守陵，已有数千年的历史。

大禹治水在中华文明的发展史上起到了重要的作用。在治水过程中，大禹以公而忘私、民族至上、因势利导、艰苦奋斗、科学治水、以人为本的理念，克服重重困难，终于取得了治水的成功，形成了令后世敬仰的大禹治水精神。大禹治水的忘我精神，已成为中国人民优秀传统美德的重要组成部分。

作为越地的骄傲，如何让大禹的故事永远定格在绍兴大地上，如何让禹迹真实地呈现在世人眼前，并永远流传下去？"诺亚方舟"的故事是《圣经·创世记》中所记载的人类避难故事，它与大禹治水的事迹有哪些异同？让我们通过学习比对，一起来领略中华传统文化坚韧不拔、团结包容、胸怀天下、因势利导的优秀精神品质。

一、大禹文化：传说与现实

《尚书》里的《禹贡》是有关大禹的最早记载。关于《禹贡》是否为大禹时代伯益所写，后人质疑颇多，其中最有说服力的理由是，《禹贡》里有一些地理名词是春秋以后才有的。另一种意见是，虽然《禹贡》里有一些春秋以后的地理名词，不排除是后人在整理时加进去的，但纵观整个《禹贡》关于山川地理的描写以及行文风格，尽管不能确定是夏代伯益所写，时间至少也应该比西周更早一些。

《禹贡》的成书年代，历来颇有争论，晚近有代表性的说法大凡有四：第一，辛树帜的西周说；第二，王成组的春秋孔子说；第三，顾颉刚的战国中期说；第四，日本内藤虎次郎的战国末至汉初说。其中，顾颉刚的战国中期说，学界认同者较多。《禹贡》所述有两方面的内容：一是大禹治水的路线；二是九州土地等级、物产以及贡赋。据《禹贡》所述，大禹治水是从冀州开始的，由冀州往东再往南，接着向西到凉州、雍州结束。

天下九州都是大禹所管辖的疆域,亦即当时所谓的"天下"。《逸周书》说,夏代疆域"南望过于三涂,北望过于岳鄙,顾瞻过于有河,延瞻过于伊雒"。三涂即三涂山,即今河南嵩山。岳鄙乃太岳山,在今山西中部。左右看去都有黄河流经,当然伊水、洛水也在疆域之内。西汉末年黄河治理专家贾让说:"昔大禹治水……凿龙门,辟伊阙,析底柱,破碣石。"龙门在今河津市东,伊阙在今洛阳,底柱在今三门峡。关于碣石,《禹贡》记载:"冀州,岛夷皮服,夹右碣石,入于河。""导岍及岐……太行、恒山,至于碣石,入于海。"可知当时的碣石在冀州境内。那时黄河入海并非今日路线,今山东境内的黄河线路古时是济水线路,后世黄河泛滥才夺济入海。由此可知,大禹治水时虞舜国家的疆域并不大,范围也就是冀州、雍州和豫州,即现今的山西南部、河南北部以及陕西东部,可能还有山东西部和安徽北部一部分。大禹治水也就是在这个范围之内。据钱穆在《古史地理丛论》一书中考证,大禹首先治理的是蒲、解两州的水患。蒲州、解州在今山西运城境内,运城的地方戏今称蒲剧。钱穆认为,华夏族世居河东,河东西南平野,东北高丘,唐尧时境内黄河、涑水为患,族人流离失所,被迫居于高丘之上,才有治水的必要。大禹之父鲧治水无功,被舜处死,大禹继承父业继续治水。

在中国,"禹禅会稽"是山川之祭的起点,大禹在会稽山"得天书""娶妻""会盟""归葬",使会稽山成为名垂千古的"圣山"。因为有了大禹及其文化的传承,会稽山居秦汉时中华九大名山之首。也是因为有了大禹,绍兴大禹文化与山川、河流相融。时至今日,鲧禹治水、启建夏朝、望夫石、三过家门而不入等故事,仍脍炙人口、经久不衰。

大禹与绍兴有着十分紧密的关系。第一,大禹的重要活动地在绍兴。史书记载,大禹有五件大事都发生在绍兴。一是禹禅会稽。绍兴前人惯称会稽,会稽之名出自大禹,其首义不是会计,而是会祭。《史记·封禅书》记载,"禹封泰山,禅会稽"。这是会稽山得以成名且列为中华九大名山之首的重要历史事件。这是大禹的一项天才的政治发明,其目的在于通过召集诸侯共同祭祀会稽山,从而建立统一的国家政权。这种政治结盟的形式,后世叫作"宗庙会同",实为春秋战国时代"诸侯会盟"之先河。二是禹疏了溪。大禹改堵为疏,"三过家门而不入",终于治水成功。在绍兴有许多大禹治水的传说,最有名的是"禹疏了溪"。了溪,后称剡溪,为今天曹娥江的上游,相传为禹治水终获成功之处,"了溪"因而得名。三是禹会会稽。大禹在会稽山会诸侯,祭诸神,明君位,示一体,创建中国历史上第一个王朝。四是禹娶会稽。大禹与涂山氏的结合,应是在禹"禅会稽"之时之地。五是禹葬会稽。大禹死后葬在会稽。第二,绍兴有众多的大禹遗迹。绍兴的"大禹陵"是全国重点文物保护单位,景区内有许多历史遗迹、人文景致,如大禹陵庙、禹祠、窆石以及碑方题刻。此外,绍兴还有不少地名与大禹有关。比如夏履桥,相传大禹治水经过这里,他的一只鞋子被洪水冲走,百姓为了纪念大禹治水的功绩,在他失鞋的地方造了一座桥,名曰"夏履桥"。又如,当前绍兴市湖塘镇的刑塘,相传为大禹斩杀防风氏处。第三,大禹姒姓后裔主要在绍兴。现在大禹陵的守陵村——禹陵村有200多名姓姒的村民,而全国姒姓后裔不过几千人。

中华经典再现:"三过家门而不入"故事与历史印记

传说为了治水,大禹曾三过家门而不入。第一次经过家门时,恰逢他的妻子分娩,他听到了婴儿降临的哇哇哭声。助手劝他去看看,他怕耽误治水,并没有回去。第二次经过家门时,他的儿子正在他妻子的怀中向他招手。这时正是治水工程紧张的时候,他只是挥手打了下招呼,就走过去了。第三次经过家门时,儿子已长到10多岁了,跑过来使劲把他往家里拉。大禹深情地抚摸着儿子的头,告诉他,水未治平没空回家,又匆忙离开,没进家门。大禹三过家门而不入,体现了他大公无私、尽职尽责的优良品性,被传为美谈,至今仍为人们所传颂。

绍兴安昌古镇与大禹治水的渊源来自安昌街道的西扆村。西扆村古时称涂山,《越绝书》中提到:"涂山者,禹所娶妻之山地。"而当时大禹治水三过家门而不入的家就是位于安昌古时的涂山。2018年,安昌西扆村竖起5米高的大禹铜像,为"三过家门而不入"的传说留下了历史印记。

如今,类似的禹迹点陆续安装上了禹迹标识牌。这些禹迹点分布在全市各区(市、县),南到天姥山,北至海塘边,东上四明山,西临浦阳江,共有64个。按地点可分为:越城区18个,柯桥区20个,上虞区7个,嵊州市7个,新昌县10个,诸暨市2个。按类型可分为:祭祀类23处,包括陵、庙、祠、寺、殿、像等类型;山体类20处,包括山、峰、穴、岩、石、台等类型;水体类 13 处,包括江、河、湖、溪、浦、塘、桥、井等类型;地名类 6 处,包括县、乡、村、坊等类型;歌舞类 2 处。

比如,嵊州的禹迹点"了溪"。据传,古时这里原是沼泽之地,庄稼常为洪水淹没,大禹治水到此,水患得以治理,全国性的治水至此终获成功,"了溪"因而得名,史称"禹治水毕功于了溪"就在此地。后来形成村落,亦名"了溪"。人们为纪念大禹治水之功,建禹王庙,塑大禹像,又将村名改为"禹溪"。近处的"禹岭"据说曾是大禹治水时弃余粮之处,即禹余粮岭。

再如,诸暨是古越发祥地之一,其地名也与大禹有关。明隆庆《诸暨县志》载:"诸者,众也;暨者,及也";"诸暨之得名……或曰禹会计而诸侯毕及也"。"诸"是众的意思,是指禹和天下诸侯,"暨"是及的意思,是指涉及、到达,"诸暨"即为禹及众诸侯所到达和停留之地。

又如,清光绪《诸暨县志》载,世人曾在"了山"建有禹思亭、了山祠、了山闸等,后毁。据 1982 年编制的《浙江省诸暨县地名志》记载,了山自然村在王家井公社江下大队。传说大禹为治浣江洪水,曾亲临诸暨,在斗岩石室中得黄帝《水经》。大禹便按书中指点,沿浦阳江而上,到了擂鼓山北侧,得神力相助,平定水患。治水大业到此了结,大禹便欣然命之为"了山"。"了山"的禹迹标识牌如今安装在诸暨市暨南街道三和村。

还有上虞的夏盖山。《上虞县志》记载:"夏盖山在县西北六十里,一峰崒崔,高出天半,其形如盖。一名夏驾山,相传神禹曾驻于此。"山南有纪念大禹的净众寺,宋侍郎张即之书其门匾"大禹峰","禹峰"两字典出于此。

上虞区文史研究者陆建明指出,夏盖山地处海边,曾是抗倭要地。如今,夏盖山曾经的抗倭遗迹已难觅踪影,纪念大禹的净众寺毁后重建,规模不如以前。然而,为祭祀大禹妃子涂山氏在夏盖山山脚所建的夏盖夫人庙和建于夏盖山山顶的辰州娘娘庙,至今尚存,香火不绝。于是,"夏盖山"的禹迹标识牌就安装在上虞区谢塘镇禹峰村净众寺门口。

对于大禹文化,国家很重视,文化界也很重视,国人对它也很有感情。我们说禹迹无处不在,但过去对于大禹文化的传播,往往依赖于传统的方式,比如书籍等,传播媒介并不多。如今,绍兴安装 64 个绍兴禹迹标识牌,一是唤起绍兴人民的保护意识,加强禹迹、大禹文化的保护和传承;二是提高绍兴的文化影响力,这是绍兴在大禹文化保护、传承、利用上的再一次创新,向外来游客直观全面地展示绍兴的禹迹和大禹文化,实现文旅融合;三是在全国大禹文化的传播上起到示范作用,如今,四川、河南、山西等地也在加强禹迹的研究,禹迹标识牌可以推广到全国各地,最终打造一张"中国禹迹图"。

2021年底,随着绍兴64个禹迹标识牌安装完成,这些禹迹地已转化成文化旅游资源。越来越多的游客,沿着禹迹标识牌,寻找着绍兴土地上大禹的足迹,追寻着远古时代发生在绍兴土地上大禹的故事。传承大禹精神和大禹文化,是当代文旅人的使命和责任。绍兴在顺利编撰《绍兴禹迹图》《浙江禹迹图》《中国禹迹图》后,目前正着手编撰《东亚禹迹图》。同时,对于如何让大禹文化资源在现实中转化,绍兴禹迹标识牌落地是一种尝试、一种创新和一种文旅融合的实践,实现了传说与现实的文化交融。而公祭大禹作为另一种纪念大禹的重要举措,也为大禹精神与文化的传承与再造拓展出一片广阔天地。

越文化纪事:跨越千年的禹迹图

"禹"在中华文明起源阶段占有重要的位置。在中华民族的发展过程中,"禹迹"以多元的形式记录了大禹的历史,也涵括了人类对自然灾害的抗争与多种多样的社会文化现象。

在今天,基于文化遗产视角对大禹历史文化进行的阐释传承,又有了全新的演进。

每年农历谷雨节气,是各地公祭大禹的日子。2022年4月中旬,第一部《中国禹迹图》在绍兴发布,综合全面地描述了中国各地的大禹遗址和禹迹文化风貌。

一、绍兴成为禹迹研究的重镇

大禹是中华民族治水英雄。作为大禹治水毕功之地和大禹陵所在地,浙江省绍兴市一直致力于大禹文化的保护和传承。

2018年4月,浙江省绍兴市有关部门首次发布了《绍兴禹迹图》,共有禹迹127处,包括了陵、庙、祠,地名,山、湖自然实体,碑刻、摩崖、雕塑等类别。这是一张完备、系统编录大禹文化遗产的区域性分布图。

《绍兴禹迹图》发布后得到了广泛好评。于是,更大规模的禹迹图编制工作也加快了步伐。2019年4月,绍兴推出了《浙江禹迹图》,在浙江省11个地市、八大水系中标注了禹迹位置,共收录"浙江禹迹"209处、"防风遗址"4处、"越地舜迹"37处、"浙江大禹同时代新石器文化遗址"30处。这张以省份为基础编录的大禹文化遗产分布图,在大禹学术研究和文化传播等方面都是一次重要的创新。

2021年,绍兴开始标识本地的禹迹,通过标识牌把禹迹从文献和图中活化到现实生活中。这更加有利于实现文旅融合。禹迹标识将原来散落分布、多种多样与大禹相关的历史遗址和文化风貌综合起来,从文化遗产和"非遗"的视角进行全新归纳,引起了广泛的社会关注。于是,编制一部更大规模的《中国禹迹图》，成为全国各地相关地区、国内外大禹文化研究者的共识。

在全新的文化遗产认知推动下，绍兴首先进行了为期一年的"禹迹图编制导则"课题研究，对禹迹定义、编制原则、资料真实完整程度、成果和发布形式进行了深入探索，形成了具体规则。2021 年 4 月 19 日，绍兴市文化广电旅游局联合绍兴市鉴湖研究会、中国水利博物馆、绍兴市文史研究馆等单位正式启动了《中国禹迹图》编制。

二、《中国禹迹图》体现时代特色

在文化遗产时代应该如何理解禹迹？《中国禹迹图》的研究人员认为，"禹迹"是根据史料中有关大禹治水及其他活动足迹传说的记载而留存至今的祭祀活动，还包括纪念建筑设施、地物表征、碑刻题刻、地名遗存物等不可移动的自然、历史物质遗存、遗址和遗迹。此外，《中国禹迹图》收录的禹迹，还包括少量可移动文物和非物质文化遗产。

我国早在北宋时期就曾有《禹迹图》问世。这是一幅中国古代疆域图，主要体现的是山川河流，被称为"当时世界上最杰出的地图"。宋代《禹迹图》有 2 块刻石流传至今：一块保存在今陕西西安碑林，为南宋绍兴六年暨阜昌七年（1136）刻立；另一块是元符三年（1100）刊刻、绍兴十二年（1142）立石，收藏在今江苏镇江的焦山碑林。

当代的《中国禹迹图》传承了北宋《禹迹图》的绘制要点以及山川河流、地名中对禹迹的记述，在此基础上，又体现了时代特色和全球化文化传播的特征。

依据编制导则要求，当代的"禹迹"突出了"大禹文化遗存"的内涵。本次编图"禹迹"重点列入了全国重点文物保护单位和省级文物保护单位中的相关禹迹，也包含历史文献中关于禹迹记载的印证遗存。

三、集合多学科专家参与

新出版的《中国禹迹图》，从全国 26 个省区市 1000 余处候选禹迹中精选出了 323 处，分属于 11 个河流流域。

依照文化遗产"真实、完整"特征要求，《中国禹迹图》对于选取内容通过文献查阅、现场考证、委托调查取得等方式进行了严格筛选。来自全国各地约 35 位水利史、文物、文史、测绘、摄影等领域的专家参与了编制，取得了多元化的研究成果。除地图展现外，这部《中国禹迹图》还包含了详细的说明、图表、照片、资料汇编等。

从《中国禹迹图》上可以看到，选取的禹迹东至台湾、南及云南、西达甘肃、北到吉林。其中包含 31 处全国重点文物保护单位、27 处省级文物保护单位和 11 处市县级文物保护单位；属于不可移动遗产的项目达到 308 处，可移动文物 13

件。此外还有多项涉及非物质文化遗产。

四、需要更多领域进行跨界融合

目前的考古发现表明,中华民族的治水历史已达1万年以上。早在2500多年前,越王勾践即注重树立大禹形象,创建禹文化与禹信仰。他在建设以今绍兴龙山为中心的越国大小城时同时建立"禹宗庙",以此奠定了大禹文化在越地的基石。《史记·越王勾践世家》记载:"越王勾践,其先禹之苗裔,而夏后帝少康之庶子也。封于会稽,以奉守禹之祀。"公元前210年,秦始皇"上会稽,祭大禹,望于南海,而立石刻颂秦德",由此开创了大禹祭典最高礼仪形式。

始自4100年前的大禹治水精神,已经成为我们中华民族精神的重要内容。活态的大禹文化发展过程,显示了中华民族生生不息的强劲生命力,属于中华文明进程的组成部分。编制《中国禹迹图》可以视为一项当代文化创新事件,其核心目标是要推动中华文化传承与传播。以历史记载结合考古发掘来研究、证明大禹文化,传承、弘扬大禹文化,成为《中国禹迹图》下一步拓展方向。

"禹"作为中华文明起源阶段的历史印迹,至今还有许多研究难点等待破解。《中国禹迹图》的下一步,将更多地集聚起跨学科、跨区域、跨行业的专家学者,通过调查、考证,丰富禹迹内容,描绘不同历史时期的大禹文化发展脉络,编制全国各地的禹迹分布图,以此更精确地呈现大禹文化的起源、传承,梳理大禹文化在不同时期的传播过程。在此基础上形成的"中国禹迹图考释文集",可为水利史、文史、考古等学术研究提供导引支撑。

《中国禹迹图》发布后,专家们的目光开始转向国际禹迹文化交流。梳理"禹迹"在亚洲东部交流互鉴、逐步成为各地民众共同文化信仰的过程,也被提上了议事日程。

[《人民日报》(海外版),2022年05月05日09版]

二、公祭大禹:纪念与再造

2023年公祭大禹陵典礼举行

癸卯谷雨,气象更新。4月20日上午,2023年公祭大禹陵典礼在绍兴大禹陵祭祀广场举行。浙江省副省长李岩益,绍兴市委书记温暖,市委副书记、市长施惠芳,市人大常委会主任谭志桂,市政协主席魏伟,水利部太湖流域管理局二级巡视员吴志平等参加公祭典礼。绍兴市委常委、常务副市长陶关锋任祭典司仪。

今年的典礼有 13 项仪程,分别为肃立雅静、鸣号、敬献花篮、敬香、击鼓撞钟、奏乐、献酒、敬酒、恭读祭文、行礼、颂唱《大禹纪念歌》、献祭舞、礼成。

9 时 50 分,陶关锋宣布祭典开始。全体参祭人员肃立雅静。鸣号,9 位号手手持长号连续吹响 9 声,寓意禹定九州,每次持续 5 秒,寓意五音治国。

李岩益受省委、省政府委托敬献花篮。吴志平受水利部委托敬献花篮。温暖、施惠芳、谭志桂、魏伟先后敬献花篮。随后,港澳同胞、台湾同胞、海外侨胞代表敬献花篮。

5 位主参祭人敬上高香,行鞠躬礼。鼓声雄浑,钟鸣悠远。34 通鼓声和 14 响钟声,象征着全国 34 个省级行政区和 14 亿华夏儿女崇敬始祖的共同心声。合奏祭祀主乐,寓意生生不息。在庄重典雅的祭乐声中,13 名礼生敬献绍兴黄酒。6 位主祭人双手端酒碗举过头顶,行鞠躬礼,敬献美酒,如是者三。

不能到现场参加祭祀活动的港澳同胞、台湾同胞、海外侨胞和部分大禹后裔、越商代表,发来了祭祀祈福视频,表达美好祝愿。

施惠芳恭读祭文,颂扬大禹夙夜惟寅、光被四表的丰功伟绩,表达绍兴儿女高举习近平新时代中国特色社会主义思想伟大旗帜,坚定捍卫"两个确立",坚决做到"两个维护",以"八八战略"为指引,坚持腾笼换鸟、凤凰涅槃、融杭联甬、一体发展,人文为魂、生态塑韵,大力弘扬胆剑精神,与时俱进创新"枫桥经验",图更强、争一流、敢首创,勇闯中国式现代化市域实践新路子的坚定决心。

致祭文毕,全体参祭人员面向大禹陵三鞠躬致敬。随后,颂唱《大禹纪念歌》,献祭舞,赞美和颂扬万世景仰之禹功禹德。礼成。

典礼程序结束后,主祭人、主参祭人等前往享殿谒陵。水利部代表,浙江省省级有关部门代表,绍兴市市级有关部门及各区、县(市)代表,大禹后裔和社会各界代表,以及全国少数民族代表等参加典礼。

（绍兴市人民政府网,2023 年 4 月 21 日）

"削平水土穷沧海,奋锤东南尽会稽。"自古以来,人们就祭祀大禹,歌咏大禹治水之功德,崇尚大禹之精神。在绍兴,公祭大禹陵的历史十分悠久。历代祭禹,大体上分为五种情况。一是天子亲祭。最早来会稽亲祭大禹的帝王是秦始皇。二是天子遣官致祭。其中最早的是夏王启派遣使者致祭。清康熙二十一年(1682)至乾隆五十五年(1790),遣官致祭达 25 次之多。三是诸侯与地方有司祭祀。四是禹裔祭祀。五是民间庙会等形式祭祀。

公元前 2059 年前后,大禹的儿子夏启首创了祭祀典礼,之后上会稽祭大禹陵就成了约定的定例,开创了中华民族国家祭典的雏形。从秦始皇统一中国,"上会稽,祭大禹"起,祭祀大禹就成了历朝历代普遍遵循的惯例。到了宋代,宋太祖颁诏保护禹陵,开始将祭禹正式列为国家常典。明清两代的祭禹仪式和制度最为完备,典礼也最为隆重,大祭禹陵各达 20 多次。

1995 年,浙江省和绍兴市联合举行公祭典礼,恢复了祭禹传统。1996 年,大禹陵被国务院公布为全国重点文物保护单位。1997 年,大禹陵又被列为全国百家爱国主义教育示范基地。2006 年,"大禹祭典"被国务院列入国家级非物质文化遗产名录。因此,到绍兴就应该去会稽山的大禹陵,祭祀这位立国之祖、治水英雄,传承中华传统美德。

近年来,大禹文化研究证实,大禹传说遍及全国乃至东亚、东南亚。如果仔细分析这些传说,就会发现其中有两个基本指向:一是治水的传说,总是将大禹引向神话;二是立国的传说,总是将大禹引向历史人物。绍兴大禹传说的历史价值,主要指向他立国的传说,这是绍兴与其他区域大禹传说的最大不同。如果将绍兴这些传说与河姆渡文化遗址、小黄山遗址、良渚文化考古相印证,就可以使我们鲜明地了解和把握中华民族跨入文明时代这段历史的真实情况。绍兴禹迹的研究和文化示范因此应运而生,这是大禹文化研究从文字到实体、从资源到标准、从理论到实践的一次有益探索,是文化遗产活化转化的一次生动实践和创新。

自古以来,大禹就是中日韩三国共同的信仰对象,至今仍根植于深厚的文化土壤之中。2018 年谷雨日,日本治水神·禹王研究会时任会长大协良夫等 4 人到绍兴参加公祭大禹陵典礼时,表露出对绍兴发自内心的欢喜和称赞。为什么会这样?因为绍兴是大禹的重要活动地和归葬地,禹迹俯拾皆是,这是一次意义深远的文化探索。《绍兴禹迹图》对外发布后,在国内外学术界引发强烈反响,成果也交流到了日本、韩国等国家和地区。

新的研究成果显示,大禹文化约在公元 5 世纪,就通过《论语》等儒家经典开始流传到了日本,随之深深扎根并得以弘扬光大。据记载,在 1500 年前,日本效仿大禹治理水患,成就卓著。因此日本以大禹为治国和道德楷模。如日本京都宫殿中的《大禹戒酒防微图》,便是以大禹的形象和精神来警示当政者要勤政爱民,防微杜渐,不沉迷酒色。日本自 1989 年启用的"平成"年号,则取自于《尚书·大禹谟》中的"地平天成"。

日本国内崇尚大禹、祭祀大禹,成为民风习俗。自 2006 年起,日本的大禹文化研究专家、学者,开始编撰《日本禹迹图》。截至 2020 年的统计,日本有禹迹 140 处;此外,还确定了"大禹遗迹认定标准""禹王遗迹数据引用规章"等规范。近年来,中日之间大禹文化交流互鉴日益频繁,并在周边国家的文化交流中发挥了积极作用。2019年,绍兴学者编成《浙江禹迹图》之际,中日学者也达成共识,将共同编制《东亚禹迹图》。

除日本外，在朝鲜半岛上，与大禹有关的地名有 8 处，其中 5 处是自然地名。韩国还有较多"禹"姓及祭祀传承。在"禹"姓的发祥地就有 7 处与大禹相关地名，集中在咸兴附近和南部的洛东江流域。在江原道六香山有禹王碑，这是 1661 年许穆从中国原碑的文字拷贝过来的，被称为"大韩平水土赞碑"。

大禹祭典是一种"被发明的传统"，体现着传统元素与现代元素的交织。它的符号意义包括：唤起了社会对大禹精神的认同；再生产大禹文化；是推动大禹文化传播的载体。大禹祭典活动经过多年的发展，促进了大禹文化向社会日常生活的渗透，推动了大禹文化的海内外交流，并提升了绍兴市历史文化的海内外影响力。2022 年祭禹典礼前一天，《中国禹迹图》发布，同时发布的《日本禹王遗迹分布图》《韩国禹王遗迹分布图》以及《日本韩国禹迹考释》等编制工作也取得了阶段性成果。例如，经日本治水神·禹王研究会审核通过的《日本禹王遗迹分布图》，共收录日本禹王遗迹 153 处，包括禹王神像、禹王画、禹王庙、文命宫、祈祷坛等；《韩国禹王遗迹分布图》编制工作获得韩国丹阳禹氏宗亲会赠送的珍贵资料《禹氏宝鉴》和《丹阳禹氏的故事》，通过实地走访搜集到相关禹迹 37 处等。

绍兴是大禹治水功成之地，我们踏着历史的河流，就理应担负起使命，让大禹文化绵延不绝。公祭大禹和编制禹迹图，就是要让大禹的故事更真实地呈现在中华大地上，使大禹文化更有辨识度，以大禹文化黏合各地城市，让人们更有亲切感，用大禹文化连接中国、连接世界。绍兴非常需要用文化符号对接多个城市，并让文化根植于各地民众心中，让古老的文明成为可感受、可亲近、可体验的文化。研究与传播大禹文化，已渐渐成为一种连接城市的文化现象。这也是绍兴市提出建设高水平网络大城市的一个文化切入口和具体载体。在禹迹的背后，可以延伸出更多的城市故事，如城市的美景、美食、习俗、非遗等。从公祭大禹到编制东亚的禹迹图，这种文化现象可以复制、粘贴、延伸，让大禹文化成为人文交流的典范，成为越文化走出去的一个新符号。

大禹精神亦具有世界性的影响力。"大禹治水体现了中华民族不畏艰险、艰苦奋斗的精神和水利工作公而忘私、创新求实的精神。几千年来，大禹治水一直是中华文明的重要精神图腾之一，在世界范围也有广泛影响。"2019 年 12 月 6 日，水利部公布了第一批历史治水名人，对位列 12 位历史治水名人之首的大禹做出如是评价。

艰苦奋斗的精神。在生产力水平极为低下的原始部落时期，要制服洪水谈何容易。在父亲治水失败后，面对"汤汤洪水滔天，浩浩怀山襄陵"的严重局面，禹没有胆怯，没有退缩，毅然挑起了治水重担。在长达 13 年的治水过程中，他不畏艰苦，身先士卒，腿上的汗毛都在劳动中被磨光了。治水成功后，他不居功自满，仍然按时巡守，希望平治天下水土。这种精神就是"明知山有虎，偏向虎山行"的英雄豪情，就是"筚路蓝缕，以启山林"的奋斗精神。经过漫长的历史陶冶，这种精神已渗透到中华民族的血脉之中，沉淀为中华儿女的优秀品质。

公而忘私的精神。传说禹与涂山氏女娇新婚不久，就离开妻子，踏上了治水的艰难之路。后来，他路过家门口，听到妻子生产、儿子呱呱坠地的声音，但一想到开山导流刻不容缓，便顾不上回家，又走向了治水一线。第二次亦如此。当第三次经过家门口时，其子已经长大，试图拉他回家，禹还是不为所动，挥手告别妻儿，义无反顾地投入治水。对此，舜帝夸奖大禹说："惟汝坚，克勤于邦，克勤于家，不得满假。"这就是大禹"三过家门而不入"的故事，其中所蕴含的公而忘私、无私奉献的精神品格，教育和激励了一代又一代中华儿女，是中华民族始终屹立于世界民族之林的重要基石。

创新求实的精神。面对滔滔洪水，大禹不仅知难而上，敢于斗争，而且勤于思考，善于斗争。其父采用"围堵筑障"法治水，只能收一时之效，一旦溃决，祸害更大。因此，禹深入了解洪水的症结，把握规律，因应地势，采用疏导的方法治水，既有效制服了水患，又引水灌溉农田得以水利，开创了中国水利史上化害为利的先河。不拘泥于一物，不墨守成规，大禹治水的实践赋予了中华文化实事求是、创新求实的内涵，培育了中华民族敢于改革创新的鲜明特点。中华民族正是凭借创新求实精神，不断解决阻碍发展的问题，获得了生生不息的活力。

通过系统科学、缜密周全的方法，大禹不仅控制了水患，而且化害为利，造福了民生，他也因此成了万世景仰的治水英雄。为了纪念大禹，同时也为了表彰那些在水利科学技术进步工作中做出突出贡献的人员，我国设立了"大禹水利科学技术奖"，并且将我国水利工程行业优质工程的最高奖项命名为"大禹奖"（全称"中国水利优质工程大禹奖"），这是对大禹精神另外一种形式的传承与再造。

《足迹》里的故事　一封推动"大禹祭典"成功申遗的信

在"大禹祭典"成功申遗的过程中，很多人都忘不了这样一件事。2006年3月的一天，一封信被递送到时任文化部部长孙家正的案头，写信人正是时任浙江省委书记习近平。原来，作为绍兴市重要非物质文化遗产的"大禹祭典"，未能及时上报。按规定，如果这次没赶上，要两年后才有第二次申报机会，补报难度非常大。3月20日，周一。一大早，时任浙江省文化厅厅长杨建新带着时任绍兴市文广局局长邵田田，赶到省委办公厅。习近平一出现，就被他们"堵"在了门口。

杨建新焦急地说："习书记，这么重要的项目，是我们疏忽了！唯一的挽救办法，是请您出面跟文化部争取。"

"进来说吧。"习近平请他们进去汇报。

祭禹，不只是民俗。大禹"三过家门而不入"，为民治水、化堵为疏的上古传奇，始终闪耀着公而忘私、民为邦本、尊重自然、科学创新的精神光辉。

听罢汇报,习近平十分重视,第二天就致信孙家正。在这封信的最后,习近平写道:"'北有黄帝陵,南有大禹陵。'目前黄帝陵祭典、炎帝陵祭典均已列入首批国家级非物质文化遗产公示项目,绍兴的'大禹陵祭典'应该也有条件列入其中。为此,请文化部和孙部长予以关心,争取能够将'大禹陵祭典'活动补报为首批国家级非物质文化遗产代表作,使作为优秀历史文化遗产的'大禹陵祭典'活动和大禹精神得到更好的传承和弘扬。"

稽山凝翠,鉴水流长。风暖芳草,雨生百谷。4月2日,来自海内外和绍兴市社会各界的3000余名代表,在绍兴参加2006年公祭大禹陵典礼。习近平专门发来贺信指出:公祭大禹陵是一件十分有意义的事情。大禹以其疏导洪患的卓越功勋而赢得后世仰。其人其事其精神,展示了浙江的文化魅力,是浙江精神的重要渊源。公祭大禹陵对于坚持以爱国主义为核心的民族精神和以改革创新为核心的时代精神,对于弘扬与时俱进的浙江精神,对于加快建设文化大省,都是有益的。习近平对中华文化的深厚感情跃然纸上。

5月20日,经国务院批准,"大禹祭典"被列入首批国家级非物质文化遗产名录。2007年,公祭大禹陵升格为"国祭",由文化部、浙江省人民政府共同主办。"大禹祭典"走出浙江,中华民族祭祀先祖"北有黄帝陵,南有大禹陵"的格局由此形成。

如今,巍巍大禹陵在阳光下显得更加庄严肃穆。2022年公祭大禹陵典礼结束后,由浙江大禹文化发展基金会发起组建的民祭大禹组委会正式成立,各地大禹后裔提出的民祭常态化的愿望也将实现。

（浙江新闻客户端,2022年7月28日）

三、诺亚方舟:毁灭与幸存

诺亚方舟的故事来源:根据《圣经·创世记》记载,此船是诺亚依据神的嘱托而建造的一艘巨大船只,建造的目的是让诺亚与他的家人,以及世界上的各种陆上生物能够躲避一场因神惩而造成的洪灾,最后方舟实现了目的。

如果《圣经》的传说真有其事,那么方舟就应该在亚拉腊山。但是传说毕竟是传说,即便其真的存在,与事实也会有所偏离。以号称史实题材的影视剧为例,尽管它们声称与历史相符,但是偏差之处也不胜枚举。事实上神话传说比影视剧更加不靠谱,但依然有众多方舟迷们乐此不疲,孜孜不倦地寻找传说中的诺亚方舟。

人们最早"见到"方舟照片是在1919年,由俄国飞行员罗斯科维斯基拍摄,在照片中隐约可以看到一个嵌在冰川里面的暗色斑点，很小很模糊。支持诺亚方舟理论的人表示，那就是诺亚方舟。实际上，这之后利用雷达和深层探测器进行的地质考察显示，这个斑点只是亚拉腊地区岩石共有的一种异常结构。

2000 年，香港的基督教学术演讲者梁燕城在经过一系列考证后，对外发表声明说，他断定方舟就在亚拉腊山。后来中国香港和土耳其专门成立了探险队，经过几度探索，到了 2006 年，在山上发现了一块木头，这块木头随即被送往香港做科学研究，结果表明其为木化石结构，很有可能是诺亚方舟的残骸。

到了 2010 年，该探险队又有了新的发现，他们在亚拉腊山附近找到了诺亚方舟的船身残骸，经检测后发现，这些残骸的年代可以追溯至 4800 年前，与《圣经》中记载的时间基本相符。

这支探险队经过近十年的不懈努力，终于把传说中的诺亚方舟挖了出来，但是这个花了十年的探索结果真的可信吗？按传说，在 4800 年前发生过一次大洪水，人类是被诺亚方舟拯救的，那么古埃及和美索不达米亚文明怎么没有湮灭？

很显然，探索如果被神话传说的情节牵着鼻子走，本身就是一件极为可笑的事情，科学的研究只有依据科学数据才可以令大众信服。

英国埃克塞特大学和澳大利亚伍伦贡大学的科学家研究指出，地球在距今 8740 年到 8160 年间，曾发生过一次大洪水，原因是北美劳伦太德冰盖融化，使海平面迅速上升，导致当时还是淡水湖的黑海被海水淹没，造成生活在黑海一带的居民大范围迁徙。据说当时迁徙的人口有 14.5 万人之多，洪水最严重的时候有 7.27 万平方千米的土地被淹没。有科学家指出，这件事代代相传，而且是口口相传，越传越神，到后来就被说成了是世界末日，这可能就是诺亚方舟拯救人类传说的起源。

这种说法是比较可信的，不管是神话传说还是民间传说，都有一个共性，即口口相传。经过代代相传，一代又一代的人便会根据时代的需求改编创新，到了今天，我们看到的或听到的传说，与母本往往相去甚远，以至于要追本溯源也需要经过几代人的努力，才有可能弄清楚。诺亚方舟的传说大概也是如此。那么诺亚方舟是否真的存在呢？

根据有据可查的资料，1829 年，一个叫弗里德里希·帕罗特的德国医生首次登上亚拉腊山探险，他并没有在那里发现诺亚方舟的踪迹。但是，他在埃奇米阿津修道院中发现了一个十字架，这个十字架在当地十分神圣，据说是用诺亚方舟的木头制作的。可惜的是，那个十字架毁于 1840 年亚拉腊山的一次火山爆发，再也无从证实它是否真的是方舟的木料制作的。

法国探险家、考古学家约翰·佛尔兰-那扑拿曾三次登上亚拉腊山，前两次都毫无结果，最后一次是带着儿子一起去的，发现了线索。在 1955 年的夏天，父子俩在冰河里发现了一截木头，挖出来后两人兴奋不已，认为可能是方舟上的木块。后来这一截木头分别被送往巴黎大学、法兰西研究院以及西班牙、埃及的最高学府和考古机构鉴定，专家们用碳-14及一些先进的设备测定后表示，这是一块歌斐木，距今有5000年以上的历史。木头上面有凹凸的楔齿，应该是大型建筑物上面的，有可能是诺亚方舟的一部分。不过也有专家反驳这一观点。

那么诺亚方舟有可能在海里吗？著名的探险家罗伯特·巴拉德曾深入黑海海底去一探诺亚方舟的虚实，但也无所获。截至目前，学界观点还是以诺亚方舟停靠在土耳其的亚拉腊山为主流，但尚未有确凿的考古证据做支撑。

诺亚方舟的故事

上帝对诺亚说："地上所有的男人和女人都将被毁灭的时候到了。每个人都必须死，因为他们都是邪恶的。但是你和你的家人将得救，因为只有你一个人努力做对的事。"然后上帝告诉诺亚该如何拯救他自己和家人的性命。他要建造一艘非常大的船，很长、很宽、很深，上面有屋顶，像一栋三层楼的又长又宽的房子。这样的船被称为"方舟"。上帝告诉诺亚建造这艘方舟，并准备好应对不时之需。

诺亚按照上帝的吩咐去做了。在众人的嘲讽中方舟终于造好了，像一座高大的房子一样矗立在地上。其中一侧有一扇门，屋顶有一扇窗，可以让光照进来。然后上帝对诺亚说："你和你的妻子，还有你的三个儿子和他们各自的妻子，都进方舟吧，洪水很快就要来了。你们要带着各样的走兽、飞鸟和爬物，凡洁净的畜类各带七对，其余的各带一对，以便使各种动物都可以在地上存活。"于是诺亚和他的妻子，以及他的三个儿子闪、含、雅弗和他们各自的妻子，都上了方舟。上帝把走兽、飞鸟和各种爬物带到方舟门口，它们就进了方舟。诺亚和他的儿子们把它们安置好，并带了足够吃很多天的食物。

几天后，雨开始下了，此前还从来没有下过雨。仿佛天裂开了，大洪水倾泻在地上。溪流满了，河中水位越来越多，方舟开始浮在水面上。人们离开他们的房子，跑到山上；但很快山就被淹没了，山上的人都被淹死了。有些人爬上了更高的山峰，但水越来越多，直到连山峰都被淹没了，所有的人都被淹没在翻滚的大海中。人们曾经生活的整块大地都成了苍茫无际的汪洋，所有的牲畜、家畜都被淹死了，野兽也都被淹死了。连鸟儿也被淹死了，因为它们在树上的巢穴被冲走，它们在可怕的风暴中无处栖身。40个昼夜里雨不停地下着，直到方舟外没有了最后一点生命的气息。40天后，雨停了，但汪洋仍保持了6个多月，方舟漂浮在覆盖陆地的大海上。然后上帝让风吹过，把水吹干，水逐渐变得越来越少。先是高的山峰露出水面，然后小山浮出，最后方舟不再漂浮，搁浅在亚拉腊山上。

诺亚看不到地上发生了什么，因为门是关着的，唯一的窗户在屋顶上。但他觉得方舟已经不动了,知道水肯定已经退了。等了一段时间后,诺亚打开了窗户,放出了一只叫渡鸦的鸟。这只渡鸦一圈一圈地飞,直到水退了,找到一个地方休息,就没有再回到方舟。诺亚等了一段时间后,放出了一只鸽子,但是鸽子找不到地方休息,就飞回了方舟。诺亚等了一个星期,把鸽子又放了出去。到了晚上,鸽子回到了方舟,它的嘴里有一片从橄榄树上摘下来的新鲜叶子。诺亚知道水已经退去,树木可以再次生长了。

他又等了一个星期,再次把鸽子放了出去。这一次鸽子飞走了,再也没有回来。诺亚知道大地正在重新变干,于是他拆下一块屋顶,向外看去,方舟四周已经干了,水不再是无处不在了。上帝对诺亚说:"从方舟里出来吧,带着你的妻子,你的儿子,他们的妻子,以及所有和你在方舟里的生物。"于是诺亚打开方舟的门,带着家人出来,再次站在大地上。方舟里的走兽、飞鸟和爬物也出来了,又开始给大地带来生机。

四、中外比对:救世与避世

大禹治水与诺亚方舟故事的大背景都是人们遭遇了灭世大洪灾。大禹治水故事里,那场洪灾祸及"全天下",父子两代前仆后继,带领民众,用了数十年时间,才最终完成了治理。诺亚方舟故事里讲的洪灾,是吞没整个世界级别的,一艘承蒙"神"(上帝)护佑的巨大方舟,载着所有"延续世界"所必需的物种和仅有的好人,逃离死亡之海,驶向安全的彼岸。

洪水,是这两个故事共同的起因和大背景。关于大水灾的古老传说,有很多版本,大禹治水和诺亚方舟只是其中最具代表性、传播最广泛的两则。当人们对水文地理的认识达到一定程度,并对古老传说中那些神奇的部分产生应有怀疑的时候,就有人对那么多的上古大水灾传说发生了考证的兴趣。有些人觉得是纯粹的传说。更多的人则认为,大水灾确实发生过,他们当中又逐渐分出两种主流说法。

一种说法认为,遥远的上古时期,世界多地发生的比较大规模的水灾,大多都发生在人类聚居相对集中的区域;而当时的人们由于缺乏抵御能力,损失惨重,死亡率极高,留下极其恐怖的印象,对水灾的形容有主观放大,对从水灾中解脱则赋予了太多的歌颂与景仰。这种说法可以简称为"主观放大说"。

另一种说法认为,包括大禹治水和诺亚方舟在内的诸多上古关于大水灾的传说,讲的是同一场或同一系列的、几乎波及全球的水文大事件。这种说法,在其最初被提出的时候,显得很大胆;但随着冰河学说的发展和逐渐被广泛认同,越来越多的人都更倾向于相信,那些上古口口相传而来的大水灾的传说,都是源自最近的一次剧烈冰河消融运动。所以,这种说法也可以简称为"冰河消融说"。

大禹治水和诺亚方舟两个传说故事,所讲的是同一场或同一系列的大水灾,而其起因,很可能就是距今 1 万年上下(有说 8000～12000 年,也有说更早些)的最近一次大规模冰川消融运动。剧烈的冰川消融运动,改变的不仅仅是水量,更引发一连串水文、气候、生态的变化——大雨、山体滑坡、地面塌陷、瘟疫……这些在今天都仍属于严重灾难的事件,在先民们恐惧的目光和思索中被严重放大,是一件再正常不过的事。据说,那场大灾难持续了数十年乃至上百年,毁灭了诸多早期文明——冰川剧烈消融导致的水量大增,使得河流,特别是大型河流,在上游甚至是源头就发生流向、流量的明显超常规变化,一路下来,影响逐渐广泛、深刻、复杂。先民们苦心孤诣选定,甚至是流血拼命打下来的"依山傍水"的"好地方",恰成了洪涛肆虐的"最佳"去向。可以假设,大禹治水和诺亚方舟故事背景中的大洪水,就算不是"同一场",也很可能是同样源自距今最近一次冰川消融运动的"余震"。

大禹治水的故事,国人耳熟能详。禹的父亲鲧,受命治理水患,采取了"堵"的方法,结果失败。禹则采取了"疏"的方法,经多年艰苦努力,终于成功——洪水退却的同时,被"驯服"成了可造福人类的样子。这个故事,如果提炼关键词,可以有这么几个——治、堵、败、疏、成。诺亚方舟的故事,同样提炼关键词,则会是——逃生、淘汰、选择、拯救。在这个故事里,人也好,万物生灵也好,面临灭顶之灾的主要动作是逃离,也可以说是避世,乘着"神"所赐予的"拯救"方舟逃离。而且,在这个过程中,还要做选择和淘汰,在弘扬"悲悯"的同时,某种程度,其实也反映着"适者生存"的丛林法则。方舟的故事,可以说形象地反映出了其所代表及延续出的文化的精神特质:人对神的依赖、趋利避害的本性,悲悯的宗教精神与残酷的丛林法则的"共生"……

对比两者,很容易发现大禹治水所代表的中国传统文化与诺亚方舟所代表的文化有着诸多不同。

首先,应对的方法不同。面临灭顶之灾,我们的先民,没有选择逃避,而是要抗争,要治理。抗争,体现在几乎所有中国古老传说中。大禹治水、夸父逐日、后羿射日、愚公移山、精卫填海……都在讲"抗争",是人、人间的英雄、由人幻化成的意志化身,对大自然的抗争,对神的抗争。

这些传说,都在告诉今天的我们——中华民族最富有抗争精神,而这种英勇的抗争精神,是由"人"来将其现实化体现的。就是说,我们不依赖"神"的眷顾和拯救,我们靠自己。我们不害怕灾害,甚至不畏惧神,我们会抗争,一直抗争,直至胜利。大禹治水的故事,特别突出地表达着抗争精神和"靠自己"的精神。面对滔天洪水,我们选择抗争,选择与其战斗,我们不淘汰任何人,而是团结起所有人,一起参与这场伟大的抗争。如果说，这里面也有"淘汰"的话，那么整个故事里被"淘汰"的，只有一个人，就是禹的父亲鲧。因为他错了。他的儿子禹，勇敢地"接棒"，为弥补父亲的错，更为治水大业。禹接受父亲的教训，改变方法，励精图治，筚路蓝缕，三过家门而不入……这都充分而生动地体现了错而能改的勇气和不懈奋斗的精神。

中国古代洪水泛滥，但是人们却并没有向洪水屈服，他们相信凭借着自己的勤劳踏实和带头人大禹的英明领导，一定能够战胜洪水。大禹通过"疏"和"治"的方法，将汹涌澎湃的黄河水引入河道，从此凶猛的洪水不复存在，而黄河水流经之处变成了千里沃野和万亩良田。因而在中国人眼里，"人定胜天"的理念一直存在着，他们认为虽然存在着天道，但是要根据自己的能力与天道和谐相处，面对困难时不逃跑、不放弃，就能达到"天人合一"的境界，也能让洪水知难而退。

在西方文化中，他们相信上帝的存在，而上帝只要动动手指就能让人们处于灭绝的状态之中，因而他们觉得洪水是不可抗拒的，只有马上逃离才能保住性命。在灾难过后，他们又相信只有忏悔才能拯救自己罪恶的灵魂，所以给上帝送去祭品，祈求原谅。

其次，记载的可信度不同。大禹治水的故事载于《史记》《尚书》《吴越春秋》等古籍，其中无论是治水的韬略，还是治水的曲折，甚至大禹本人三过家门而不入的故事，都显得十分可信，仿佛就是发生在我们身边的故事。舜对鲧的罢黜，以及对大禹的提拔，更是昭示了中华文明中公私分明、举贤不忌讳的传统美德。

而诺亚方舟的故事，是《圣经》里最具典型意义的故事之一，集中体现了神对人的拯救态度和宗教式的仁慈。同大禹治水不同，诺亚方舟的故事具有浓厚的宗教气息。上帝主导了一切，人类只是案板上的羔羊，诺亚不是因为能力和聪慧，而是因为高尚的德行被上帝选中。他打造方舟花了120年，在他600岁那年，上帝降下了灾祸，只有诺亚和他的船以及被选中的动物躲过了灾难。看到这些数字，我们感到这就是一个神话故事，所有的数字都表明了这个故事和人类现有认知的差距，这点和大禹治水的写实风格形成了鲜明的对照。

再次，追求的幸福观不同。从幸福观的角度而言，如果说大禹治水透露出来的是中华民族人本主义的幸福观念，那诺亚方舟透露出来的就是西方民族神本主义的幸福观念。在中国人看来，天地万物是合为一体的，人是其中的一部分，人可以直接参与天地万物的造化，幸福与人的勤劳、努力和奋斗不可分割。老子说："故道大，天大，地大，人亦大。域中有四大，而人居其一焉。"《尚书·泰誓》中说："惟天地，万物父母；惟人，万物之灵。"在天、地、人之间，以人为中心，这是对人的生命的尊重，是对人的价值的深刻认识。而在西方人的心中，神是最重要的精神支撑，所谓幸福则是带着虔敬的心灵向神求教，按照神的旨意生活。时至今日，西方仍有许多国家属于宗教立国，即使不是宗教立国,国民中信仰宗教者也有相当比例。但对于大多数中国人来说,宗教并不是日常生活所必需的信仰。"平时不烧香,急来抱佛脚",这句谚语说的就是中国人的宗教心态。西方的天下是神的天下,谁最能获得神的昭示,谁就有可能成为天下之主。而中国的天下,"惟有德者居之",统治者必须用实际行动为百姓谋福利,即所谓的"得民心者得天下"。

中国传统文化的基本精神是人本主义,发展历程中始终以人为中心、以人为根本,注重人与社会、人与人的关系以及人的心性修养问题,呈现出鲜明的伦理本位的人本主义特色。西方则长时期属于神本主义,直到文艺复兴才开始走向人本主义。尤其值得指出的是,最终使西方走上人本主义的是文艺复兴之后的启蒙运动,而一些启蒙思想家正是用中国的人本主义来动摇西方神本主义的根基。比如伏尔泰,著名启蒙思想家之一,毕生精力都用于反对封建制度和天主教会,而中国就是"伏尔泰掷向封建制度和天主教会这两只鸟的一块石头"。伏尔泰认为,中国是古老的国家,是高度文明的国家,是建立在最高道德伦理上的非宗教国家,没有宗教统治,没有宗教狂热,也没有宗教迫害和教派斗争。伏尔泰在其《风俗论》中是这样写的:"中国人的历史书中没有任何虚构,没有任何奇迹,没有任何得到神启的自称半神的人物。这个民族从一开始写历史,便写得合情合理。"

此外,中国人强调了幸福的获得过程,而西方人强调了幸福的获得结果。实际上,治水成功与洪水退却,分别是当时的中国人和西方人最期盼的幸福。在有关大禹治水的故事中,洪水滔天的原因基本上没有做出交代,叙述的主要是大禹如何带领人民治理好洪水,洪水可以说是配角,是用来衬托治水英雄大禹的,水势越大越能显示大禹的英雄气概。相反,在诺亚方舟故事中,人是配角,是用来衬托洪水的威力的,或者说是用来衬托神的威力的。按理说,诺亚造出的方舟应该很大,造方舟应该是一个浩大的工程,但诺亚是如何造出方舟的,却没有文字对此进行叙述。文字上不一样的取舍,其实是不同的文化心理的体现。如果由"水"联想到"火",也能看出这种差异。中国是"燧人氏钻木取火",而西方是"普罗米修斯盗火",很显然,"钻木取火"强调了辛苦的"钻木"的过程,而"盗火"则强调了得到火的结果。

中国古代大禹治水和西方传说诺亚方舟的故事,都展现了人类的祖先面对洪水时的智慧和手段。不同的是,中国人习惯于群体的力量,他们在治水的过程中,首先想到的是救世,由此形成了家国天下的情怀,更建立了大一统国家;而西方人面对洪水,第一反应是避世、退让,既然处理不了,就待事情有所平息之后再做定夺。无论神话传说如何,这两种不同的文化、不同的价值观、不同的民族精神中的精华,都应被现代人借鉴和利用。

在大禹治水中,人类就是英雄,是自己的主宰,胜利取决于策略、时间和专注度。

这种朴素的唯物主义精神,这种冷静的思维分析,可见古老华夏文明诞生之初的深刻与内敛。而对神权匍匐膜拜的欧洲文明,也在文艺复兴后寻找到了宗教和科学的平衡点,用宗教来管理人心,用科学开拓自然,从而在近现代完成了文明的飞跃,实现了从唯心主义到唯物主义的华丽转身。在大禹治水和诺亚方舟的文化比对中,我们可以肯定,古人那种豪迈的大无畏气概,用科学解决一切问题的方法,都值得学习。

大禹的故事在越地民间口头流传数千年,之后又分别以史学和文学的形式流布于世,散见于浩如烟海的古今典籍、文史资料之中,更见证于星罗棋布的大禹古迹和纪念地。从《绍兴禹迹图》到《中国禹迹图》的成功编制和发布,禹迹标识在绍兴的成功设置,在大禹文化的研究、保护、弘扬上是一次重要的创新和示范。同时,也提出了一个新的课题:如何实现资源转化和文旅融合,把禹迹从文献和图中延伸活化到大地上,深深地扎根社会民众之中。

诺亚方舟故事可能是一个被夸大了的故事,方舟可能也并不存在,只是一个虚构的传说,但同一历史背景下不同的人为抉择反映了中西文化的区别,反映了民族性上趋向救世与避世、积极与消极、集体与个体之间的差异。中华民族最富于抗争精神,而这种精神是借由集体的力量实现的,面临困难不会选择逃避,也不去依赖"神"的眷顾和拯救。

绍兴是越文化核心区,越文化、胆剑精神的源泉是大禹治水精神。从某种程度上说,对治水文化做中西比较,是解码大禹文化、弘扬爱国情怀、激活文旅资源、做深融合文章的成功探索,是对马克思主义中国化道路优越性的理论指引,也是重塑城市文化体系、打造中国文化高地的具体实践。

课后作业:

1. 面对洪水猛兽,中西方文化展现了哪些异同?

2. 我们应如何更好地继承并弘扬大禹文化?

3. 你觉得诺亚方舟的故事真实发生过吗?说说你的理由。

第三章　黄酒文化——共饮与独酌

天下黄酒源绍兴,绍兴黄酒甲天下。稽山鉴水,钟灵毓秀,绍兴得天独厚的地理环境和高超精湛的酿制工艺孕育了久负盛名、甘冽醇厚的绍兴黄酒,它与绍兴古城的千年史迹相得益彰。"酒以城而闻名遐迩,城因酒而名望倍增",可谓"名酒、名城"共生发展。作为越地的骄傲,如何让黄酒走进千家万户,走出绍兴、走出中国,成为大众聚会、家宴用酒? 日本清酒的酿造技法来源绍兴黄酒,某种程度上"同宗同祖",它的口感、用途、发展与黄酒有哪些异同? 让我们通过学习比对,一起来领略中华传统文化的海纳百川、历久弥新。

一、黄酒文化:传说与现实

黄酒是世界上最古老的饮料酒之一,是中华民族之瑰宝。世界三大发酵古酒——黄酒、啤酒和葡萄酒,唯黄酒起源于中国。

中国酿造黄酒的历史非常悠久,关于黄酒起源的传说有很多,有酒星始酒说、黄帝酿酒说、神农时代说、仪狄作酒说、杜康造酒说、猿猴造酒说、自然发酵说等(上述传说大部分出于汉代史书上的记载)。

在这些传说中,最被业界认可的则是我国晋代学者江统提出的自然发酵学说。在《酒诰》一文中,江统说:"酒之所兴,肇自上皇。或云仪狄,一曰杜康。有饭不尽,委余空桑。郁积成味,久蓄气芳。本出于此,不由奇方。"这里,江统提出了剩饭自然发酵成酒的观点,非常符合科学道理,也比较有说服力。

酒是自然界的一种天然产物。现代科学研究证明,酒是先于人类产生于这个星球上的。当地球上诞生了含糖或含淀粉的植物时,在合适温度、必要水分、发酵菌的作用下,酒就产生了。

现在,从绍兴或绍兴毗邻地区考古发现的事实中,我们可以实物证明该地方的酿酒史或酒的起源。1973 年,余姚河姆渡出土了大量的稻谷和类似酒器的陶器,说明

7000 多年前的绍兴地区已有最初的米酒或谷物酒的酿造。2005 年，绍兴嵊州小黄山遗址开启发掘，也发现了大量的粮食谷物留存和陶器，证明距今 9000 年前后人工种植粮食谷物已有可能，并为酿酒提供了物质条件。

黄酒有正式文字记载是在春秋时期越王勾践时期。《国语·越语》中记载越王为增加国家人口补充兵力和劳力，曾采用过一系列奖励生育的政策和措施："生丈夫，二壶酒，一犬；生女子，二壶酒，一豚。"《吕氏春秋》是秦国宰相吕不韦主持编撰的综合性史书，在"季秋纪第九"篇中，有"越王苦会稽之耻，欲深得民心……有酒流之江，与民同之"的记载。因此说黄酒的正式文字记载至少有 2500 多年历史。

中国黄酒产地较广，品种很多，著名的有绍兴加饭酒、福建老酒、江西九江封缸酒、江苏丹阳封缸酒、广东珍珠红酒、山东即墨老酒、兰陵美酒等。但是被中国酿酒界公认的，最具知名度、最能代表中国黄酒总体特色的，首推绍兴黄酒。

绍兴酿酒业在春秋战国时期已较为普遍，历经秦、汉、唐、宋、元、明、清，经久不衰，并逐步发展成为绍兴的传统支柱产业之一。最早以绍兴地名作为地方名酒之名的当推南朝梁元帝萧绎所著的《金楼子》一书："银瓯一枚，贮山阴甜酒。"绍兴酒到宋代才真正定名。北宋末年，金兵南下，赵构南逃避难，越州升为绍兴府，绍兴酒作为贡品进入朝廷。明代，绍兴酒开始远销海外。明清时期，绍兴酒发展进入第一个高峰期，不仅花色品种繁多，而且质量上乘。清代饮食名著《调鼎集》中记载："求其味甘、色清、气香、力醇之上品，惟陈绍兴酒为第一。"清代袁枚在《随园食单》中赞美："绍兴酒如清官廉吏，不参一毫假，而其味方真又如名士耆英，长留人间，阅尽世故而其质愈厚。"清宣统二年(1910)，沈永和墨记酒坊酿造的善酿酒，作为绍兴酒的代表，参加南京举办的南洋劝业会展览，获得清政府颁发的特等金牌，为绍兴酒争得了第一枚金牌。

在绍兴，流传着许多与黄酒有关的典故。绍兴黄酒之高雅，在于它与"名士乡"及中国的"名士文化"紧密关联，构成了绍兴黄酒文化价值的无限丰富的内涵和外延，其间可传可赏的掌故不胜枚举：东晋王羲之的曲水流觞，唐代李白、贺知章的金龟换酒和元稹、白居易的元白唱和，南宋陆游的沈园绝唱，明代徐渭的狂酒奇才，清代曹雪芹的典衣沽酒，现代鲁迅的把酒论世和郁达夫的生死酒缘，等等。

越王勾践"投醪劳师"

公元前 492 年，越国为吴国所败，越王勾践带着妻子到吴国去当奴仆，受尽屈辱，故而有卧薪尝胆的故事。勾践回到越国，决心奋发图强，报仇雪耻，修明政治。以身作则鼓励勤劳之风，吃的东西多是自己种的，他穿的衣物也是王后织的。他大力发展经济，积极鼓励生育，生男孩赏两壶酒、一条狗，生女孩赏两壶酒、一只猪，男子 20 岁未娶、女子 17 岁未嫁，父母皆有罪。越国国力逐渐增强。待时机成熟，他出兵伐吴，臣民一心,扬风鼓帆,复国灭吴,留下了投醪劳师、壶酒兴邦的佳话。

越王勾践出师伐吴时,父老乡亲向他敬酒,他把酒倒在河的上游,与将士们一起迎流共饮,于是军民振奋,战气百倍,终于战胜吴国,一雪耻辱。那条倒入酒的河被后人称为"投醪河",至今还在古城绍兴流淌着。《三略·上略》说:"夫一箪之醪不能味一河之水,而三军之士思为致死者,以滋味之及己也。"勾践只不过用了一箪酒便收买了军心,鼓舞了士气。

"箪醪劳师","醪"在当时是一种带糟的浊酒,即后来的米酒,也是绍兴黄酒的前身。

王羲之兰亭"曲水流觞"修禊盛会

古人每年三月初三,为求消灾除凶,到水边嬉游,称为修禊。东晋永和九年(353)三月初三上巳日,会稽内史王羲之与谢安、孙绰等 41 位军政高官,在绍兴兰亭修禊,举行饮酒赋诗的"曲水流觞"活动,传为千古佳话。这一儒风雅俗,一直流传至今。

当时,王羲之等人在举行修禊祭祀仪式后,在兰亭清溪两旁席地而坐,将盛了酒的觞放在溪中,由上游浮水徐徐而下,经过弯弯曲曲的溪流,觞在谁的面前打转或停下,谁就得即兴赋诗并饮酒。据史载,在这次游戏中,有十一人各成诗两篇,十五人各成诗一篇,十六人作不出诗各罚酒三觥。王羲之将大家的诗集起来,用蚕茧纸、鼠须笔挥毫作序,乘兴而书,写下了举世闻名的《兰亭集序》,被后人誉为"天下第一行书"。因此《兰亭集序》也被称为"禊帖"。传说王羲之之后曾多次书写《兰亭集序》,但都不能达到原来的境界,这不仅说明了艺术珍品需要在天人合一的环境下造就,也表明了酒的作用。而装在觞之中的酒,正是黄酒。

陆游、唐琬"沈园敬酒",谱写凄美爱情

南宋绍兴二十五年(1155)春,31 岁的陆游到禹迹寺南沈园游玩,碰到了前妻唐琬。在征得夫婿赵士程同意后,唐琬向陆游敬酒。斯情斯景,陆游百感交集。

当年,20 岁的陆游与表妹唐琬结婚,感情甚笃,但唐琬始终得不到婆婆的欢心,最终两人被迫分离。而今沈园邂逅,唐琬已另嫁,陆游亦另娶,恰如唐琬词中所云:"人成各,今非昨。"

陆游触景生情,感慨万千,题壁写下了名扬千古的《钗头凤》:"红酥手,黄滕酒,满城春色宫墙柳。东风恶,欢情薄。一怀愁绪,几年离索。错、错、错!春如旧,人空瘦,泪痕红浥鲛绡透。桃花落,闲池阁。山盟虽在,锦书难托。莫、莫、莫!"

唐琬红润的手,黄酒的黄,柳树的绿,这三种色彩体现了春意盎然、生机无限,然而欢乐的开篇紧接着的是怨恨凄苦之情,反差强烈,感人之深,使这首词成为千古绝唱。

如今沈园已成为人们凭吊陆游与唐琬的胜迹景点,黄酒也成为游客必尝之酒。

蔡元培"每饭必酒"

近代著名教育家蔡元培生于绍兴、长于绍兴,对绍兴酒可谓偏爱有加。

据他的好友回忆,他虽在外地工作了数十年,但始终保持从小在家乡养成的生活习惯和爱好。他喜欢绍兴酒,餐餐必饮,每年都托亲友从绍兴买上数坛酒,备在家中自饮或请客。除了绍兴酒外,蔡元培的下酒菜也大多是绍兴特产,如干菜、霉千张等。逢年过节,他还要托亲友给他邮寄酱鸭、糟鸡、鱼干等绍兴年货。就连他平时用的酒壶也是从绍兴带去的锡制酒壶,里圆外方,中有夹层,天冷时可灌热水温酒。

蔡元培是一位大学问家,性情随和,温文尔雅。他待人接物总是谦逊和气,饮宴之时注重饮酒礼节,不论男女老幼向他敬酒,他都要举杯回敬。一次,他在一位学生的陪侍下到宁波,在象山黄公岙一史姓朋友家小住。史家招待热情周到,主人知道蔡元培好酒,除中晚餐供酒外,早餐也备有丰盛酒菜。他的学生也爱酒,但没有喝早酒的习惯,于是就把酒杯倒扣在饭桌上,表示自己不喝早酒。事后蔡元培对他说,这样做不好,不合酒桌礼仪,主人倒满一杯你不喝,放在那里,人家就会知道你不喝早酒,不会勉强你,但倒扣杯子就显得对主人不够尊重。这位学生很受启发,以后每当别人向他敬酒时,他一定会像老师蔡元培那样注重礼节,并谦恭回敬。

黄酒作为与葡萄酒、啤酒并称的世界三大古酒,拥有悠久的历史与传承,可以毫不客气地说,黄酒的历史就是中国酒的历史。《淮南子·说林训》中提到"清醠之美,始于耒耜",即有了农业及谷物,就有了酒。公元前 2000 年的夏王朝至公元前 200 年的秦王朝,是黄酒的成长期,涌现出仪狄、杜康等酿酒大师,为中国酒的发展奠定了坚实基础。

黄酒出现在许多重大历史事件中,鸿门宴喝的是黄酒,青梅煮酒煮的是黄酒,汉武帝"初榷酒酤"的酒也是黄酒。时间拉到近现代,亦有蔡元培每饭必酒、鉴湖女侠秋瑾"貂裘换酒"的故事。

从制作工艺看,绍兴黄酒的酿造工序按照四时的天然气候和节气来安排生产,冬至投粮,立春出酒,一年只能生产一次。原粮经浸米、蒸饭、落缸、发酵、压榨、煎酒、封坛及陈贮等传统工序终得佳酿。

值得一提的是,不是所有绍兴产的黄酒都可以叫绍兴黄酒。以优质糯米、小麦及特定区域内的鉴湖水为主要原料,经过独特工艺发酵酿造而成的优质黄酒才能被称为"绍兴黄酒"。

漫漫数千年一路走来,绍兴黄酒,或温厚,或热血,或内敛,或放达,用岁月里层层叠叠的故事、人物,一路累积、酝酿出了丰厚的滋味。喝黄酒,不仅仅是喝这数十年色香味的交缠,更是品这逾千年的中华风骨。

中国的陶器制作历史已有 14000 年之久。稻谷种植农业的起源也在 10000 多年以前,因此,我们可以归纳绍兴酒历史渊源有三个方面:有文字文献记载的传说,追溯到 4000 年以前;从越国时代起,也有 2500 年至 3000 年;从文物遗址考古发现,可谓 10000 多年。

二、品鉴黄酒:传承与创新

绍兴黄酒以糯米为"肉",麦曲为"骨",酒药为"魂",鉴湖水为"血",积 3000 年之历史,才炼成"东方名酒之冠"。特别是"鉴湖水"独有一功。"天下灵泉汇鉴湖,制成佳酿色香殊。"鉴湖水源自会稽山区 36 条小溪,经岩层与沙砾过滤净化,含有微量矿物质,硬度适中,澄碧纯洁,极宜于酿酒。

绍兴黄酒传承千年的酿制技艺:农历七月制酒药,八九月制麦曲,小雪做酒酿,大雪前后投料开酿,用独特的复式发酵工艺发酵 90 余天,翌年立春开始压榨、煎酒,然后泥封贮藏,一般贮存三年以上方可上市。酒,越陈越香,越陈味越甘醇。

酿制黄酒讲究天、地、人合一,即人们常说的天时、地利、人和,体现了中国传统智慧以及酿酒人对天地神的敬畏。天时,就是绍兴的自然环境和地理环境,非常有益于酿酒菌种的繁育;地利,是指水质独特,得天独厚的鉴湖水;人和,是指一代又一代酿酒师傅传承下来的精湛酿酒技艺。

绍兴黄酒酿制工艺通过一代又一代酿酒技师口传心授,不断创新,不断完善,目前已达到炉火纯青的地步。2006 年,绍兴黄酒酿制技艺被列入国家级非物质文化遗产。

黄酒跟葡萄酒一样,也有一套属于自己的品鉴流程,并且每年都会举行业内品鉴会,对酒款进行打分。但是因为黄酒在现下缺少足够的关注与宣传,以至于很多人对它的印象停留在烹饪用、日常喝等,鲜少会将其归为需要细细品鉴的酒款。

要品鉴黄酒,就要了解黄酒的分类。按照工艺的不同,可以分为元红、加饭、善酿及香雪,含糖量各有不同。品种不同,味亦不同。"元红"用摊饭法酿制,发酵完全,少残糖,酒液橙黄透明,味甘微苦。"加饭"则以元红为基础,再加糯米饭而酿成,故酒色深黄呈红,质厚味甘。"善酿"以陈元红代水制成,质地更浓,芳香浓郁,味道醇厚。"香雪"用白酒代水采用淋饭法酿成,醇和鲜甜,既无白酒辣味,又具黄酒甜味,浓烈有劲。

元红,又称状元红,黄酒干型代表,含糖量在 15.0g/L 以下;
加饭,亦称花雕酒,黄酒半干型代表,含糖量在 15.0~40.0g/L;

善酿，黄酒半甜型代表，含糖量在 40.1～100.0g/L；

香雪，黄酒甜型代表，含糖量在 100.0g/L 以上。

正式品鉴，可以按观色、闻香、品尝三步走。

观色是黄酒品鉴的第一步。通常来说，黄酒的颜色会呈现出从浅黄、金黄到褐黄等不同的黄色系，以及从橙红到正红不等的红色系。举起酒瓶，对光观察，品质优良的绍兴黄酒色泽橙黄，清澈透明，光泽好。一旦发现酒质浑浊，或者酒中含有杂质，则属于低劣产品。需要注意的是，根据国家标准《地理标志产品　绍兴酒（绍兴黄酒）》（GB/T 17946—2008）规定，瓶装酒底部允许有微量的沉淀物。人们常说"老酒千层脚"，"脚"是绍兴方言，意即沉淀物。其主要原因在于绍兴黄酒采用糯米、小麦和鉴湖水酿制而成，酒中含有大量的小分子蛋白质，这些小分子蛋白质在贮存过程中会凝聚而沉淀下来，对人体没有任何伤害。

在判断出颜色之后，会进入到闻香的步骤。黄酒的香气十分复杂，从干果类到一些酱香类都可能存在，其香气的标准应该是干净纯澈，细腻优雅。开启酒瓶，将酒缓缓倒入酒杯之中，嗅闻酒的香味：一般优质的绍兴酒具有醇香浓郁的独特香气，陈年绍兴黄酒的香气幽雅芬芳；劣质黄酒中则闻不到这样自然天成的香味。如闻到酒精味、醋酸味、香精味或其他异杂气味，则基本可以断定属于伪劣产品。也有专业级选手会试手感：将少量酒倒在手心，然后用力搓动双手，正宗绍兴黄酒因属于纯酿造酒，品质优良，酒中多糖等固形物含量较高，搓动时手感滑腻，阴干后手感极黏，用水冲洗后手上依然留有酒的余香；如果搓动时手感如水，则属于劣质酒。

最后一步品尝十分关键。黄酒的口感十分复杂，除了甜、酸、涩、苦等可能存在的风味之外，还会天然地带有一种鲜味——这种鲜味常常会在品鉴的后段展现出来，一般都会比较纤细，如果黄酒足够好，那么这种鲜味会长时间留在口中，让人印象深刻。需要注意的是，好的黄酒应该是这些口味的平衡，就连酒精也应该是柔和温润的。

黄酒的品鉴也需充分考虑季节、配菜和酒器。

在气温 10℃ 以下的冬季，黄酒宜温着喝。绍兴当地加热黄酒的方法一般是"串筒水烫"：将酒倒入串筒，然后放入沸水中水浴，使酒逐渐变温，一般加温至酒香四溢、入口温和舒适即可。加温后的黄酒即倒入锡壶，再倒入杯中，琥珀色的酒液在杯中荡漾，夹带着缕缕酒香，十分怡人。黄酒热热地喝下去，不光暖胃活血，其酒性散发得也快，令人感觉比较舒服。

盛夏季节，黄酒宜存放在 3℃ 左右的冰箱内冰镇纯饮，亦可加冰块。琥珀色的黄酒与晶莹的冰块相映，赏心悦目，清爽宜口且不易醉。

黄酒属于细酌慢饮之酒，其下酒菜最好也是耐嚼、滋味久的那种，如盐煮花生、茴香豆、豆腐干等。黄酒的绝配当属大闸蟹，即古人所说的"持螯饮酒"。大闸蟹味美，但性寒不能多吃，而黄酒性温，温寒相抵无疾患之虞，又因黄酒最能去除腥味，食之更觉香美。

作为历史悠久的三大古酒之一，今天中国的国酒却并非黄酒，且黄酒一度被视为老年人的酒精饮品。黄酒要在当下焕发生机与活力，吸引、培育年轻的客户群体是非常关键的。诸多酒厂也开始在酿造工艺、包装广告、衍生品开发上进行创新。

一些酒厂结合绍兴旅游业的蓬勃发展，推出黄酒衍生产品，例如黄酒棒冰、黄酒奶茶、黄酒牛轧糖等，使得不会饮酒的游客亦可感受黄酒的魅力。

面对葡萄酒、啤酒、白酒的激烈竞争，绍兴通过举办文化活动、培训人才、打造质量品牌寻求破局之路，黄酒市场在逐渐改观。

最近几年，绍兴各大黄酒企业纷纷亮剑出招：积极打造国家黄酒工程技术研究中心科技创新平台，持续推进黄酒小镇建设，加强文化传播；优化产品结构，加大新品推广力度——女儿红与同仁堂、古越龙山与东阿阿胶等跨界合作，共拓市场；通过个性定制，拓展市场新空间。

绍兴市提出，要将黄酒打造成千亿级产业。一方面大力推进黄酒产业创新、消费升级、文化传承，促进黄酒制造、黄酒文化、黄酒消费、城市旅游深度融合。另一方面，进一步规范黄酒市场，组织制定绍兴黄酒浙江制造团体标准，绍兴黄酒生产技术和管理规范，推动产业升级。对现有的黄酒资源进行整合集聚，进一步改变产业低小散状态，把绍兴黄酒品牌化，而非品类化。打包市面上大大小小的黄酒品牌，统一形成"绍兴黄酒"IP。在全域旅游背景下，完善黄酒产业链，把黄酒产业与旅游、休闲、健身、养生等业态结合起来，卖品牌、卖创意、卖文化。建立"泛黄酒"概念，加强创新，瞄准年轻人市场，进一步开发黄酒衍生品，让年轻一代自觉成为绍兴黄酒的代言人、消费者和传承者。

随着人们生活水平的提高和保健意识的增强，对酒的保健功能的研究越来越受到重视。葡萄酒主要生产国十分重视对葡萄酒保健功能的研究，对葡萄酒保健功能的研究与宣传，极大地促进了葡萄酒的消费。有资料显示，自 1991 年以来，美国约有 3000 篇关于葡萄酒有益健康的报道问世。而著名的"法兰西悖论"显示，尽管法国人在饮食中摄入了较高的脂肪，但饮用葡萄酒的法国人的心血管疾病发病率却较低。1995 年，《美国人饮食指南》突破以往仅宣传酒精滥用有害人体健康的报道，首次提出"适量饮用葡萄酒有益心血管健康"的观点。与之对应，自 1991 年以来，美国的葡萄酒年消费量已经翻番。2006 年，美国哈佛大学的研究报告显示，红葡萄酒中的白藜芦醇可使中年超重白鼠延长寿命并提高健康水平。这份报告发表后，在美国掀起了饮用红葡萄酒的热潮，使美国红葡萄酒销量激增。尤其值得一提的是，红葡萄酒的档次原本比白葡萄酒要低，自从其发现含有能防治心血管病的白藜芦醇后，身价倍增。

当前,黄酒走向世界的障碍,并非口感问题,而主要在于世界各国对黄酒及其安全性缺乏了解,我们有必要在这方面加强研究并加强宣传。

绍兴黄酒营养丰富,有活血御寒、去疲增力的保健功能。东汉王允著有《养性》一书,他"年渐七旬",总结养生要诀:"长寿之道,在于'养气自守,适时则酒'。"蔡元培"每饭必酒",他认为适当饮用绍兴黄酒,能起到滋补活血的作用。邓榕在《我的父亲邓小平》的首发仪式上回答记者提问时讲到,邓小平在 85 岁那年遵医嘱戒烟后,每天要喝一杯绍兴黄酒。自古以来,绍兴黄酒一直被视为养生健身的"仙酒""珍浆",备受人们喜爱。

黄酒含有丰富氨基酸。黄酒中除乙醇和水外,还含有 21 种氨基酸。日本宝酒造株式会社对绍兴黄酒测定结果显示,黄酒中氨基酸总含量高达 6670.9mg/L,是日本清酒的 1.6 倍、啤酒的 6.8 倍、葡萄酒的 4.25 倍。21 种氨基酸中,有 8 种是人体自身不能合成而又必需的,这 8 种氨基酸含量为 2557.5mg/L,是日本清酒的 1.8 倍、啤酒的 11 倍、葡萄酒的 12 倍。

黄酒舒筋活血。黄酒气味苦、甘、辛。冬天温饮黄酒,可活血祛寒、通经活络,有效抵御寒冷刺激,预防感冒。适量常饮有助于血液循环,促进新陈代谢。

黄酒美容、抗衰老。黄酒是 B 族维生素的良好来源,维生素 B1、B2、B3 及维生素 E 都很丰富,加上度数较低,口味大众化,比较适合日常饮用。

黄酒促进食欲。锌是能量代谢及蛋白质合成的重要成分,缺锌时,食欲、味觉都会减退。黄酒中锌含量不少,如绍兴元红黄酒含锌 8.5mg/L,而啤酒仅为 0.2～0.4mg/L,干红葡萄酒为 0.1～0.5mg/L。健康成人每日约需 12.5mg 锌,喝黄酒能补充人体对锌的需求量。

黄酒保护心脏,提高机体免疫力。黄酒中已检测出的无机盐有 20 多种,包括钙、镁、钾、磷等常量元素和铁、铜、锌、硒等微量元素。其中镁既是人体内糖、脂肪、蛋白质代谢和细胞呼吸酶系统不可缺少的辅助因子,也是维持肌肉神经兴奋性和心脏正常功能,保护心血管系统所必需的。人体缺镁时,易发生血管硬化、心肌损害等疾病。黄酒含镁200～300mg/L,比红葡萄酒高 5 倍,比白葡萄酒高 10 倍,比鳝鱼、鲫鱼还高,能很好地满足人体需要。又比如,硒的作用主要是消除人体内产生的过多的活性氧自由基,因而具有提高机体免疫力,抗衰老的作用。《中国居民膳食营养素参考摄入量(2023 版)》推荐,正常成人每天应摄入 60～400μg 硒元素,而我国大部分居民日常摄入量都低于该标准。黄酒虽称不上富硒食品,但硒含量也有 10～12μg/L,在酒中是最高的,比红葡萄酒高约 12 倍,比白葡萄酒高约 20 倍。据中国食品发酵工业研究院的检测数据,有些品牌的绍兴黄酒中的硒含量甚至高达 40μg/L 左右。

黄酒是理想的药引子。《汉书·食货志》记载:"酒,百药之长。"《本草纲目》上说

"诸酒醇醨不同,惟米酒入药用",米酒即黄酒,具有通血脉、厚肠胃、润皮肤、散湿气、养脾气、扶肝、除风下气等治疗作用。相比于白酒、啤酒,黄酒酒精度适中,是较为理想的药引子。用黄酒泡制中药,能使药性移行于酒液中,服后有助于胃肠对药物的吸收,迅速地把中药成分运行至全身,使药的作用发挥得更好、更有效。在中医处方中常用黄酒浸泡、炒煮、蒸炙各种药材,借以提高药效。《本草纲目》中记载了69种可治疾病的药酒,均以黄酒制成。

那么黄酒的保健养生功能究竟有何科学依据呢?浙江大学、江南大学曾联合开展"黄酒的保健功能与功能性成分的研究及其应用"课题研发,课题组发现,绍兴黄酒中含有多酚、功能性低聚糖、生物活性肽、γ—氨基丁酸等生物活性物质,适量饮用,具有排铅、增强记忆力、提高耐缺氧能力、改善骨质疏松、增强免疫能力、抗氧化等多种保健功能。绍兴文理学院多年来也一直开展黄酒科研项目,致力于绍兴黄酒功能因子与疾病的相关性研究,获得中国食品工业协会科学技术奖一等奖。

通过对黄酒保健功能的深入研究,在国际上发表一系列高水平的研究论文,是让世界各国人民了解和认识黄酒的一条捷径。

三、日本清酒:借鉴与发展

清酒是借鉴绍兴黄酒的酿造法而发展起来的日本国酒。约2000年前,中国江浙一带的大米种植技术传到日本,以大米为原料的酿酒技术也随之传入日本。清酒跟黄酒一样,原料都是大米,酿制过程几乎一致——浸米、蒸米、制曲、发酵、压榨、杀菌(煎酒)。两者都是复式发酵,先把淀粉发酵变成糖分,然后把糖分变成酒精。

中国西晋时的《魏志倭人传》,全书不到两千字,但提到了日本清酒。日本清酒的前身,是口嚼酒。人们将生米放在嘴中嚼烂,然后吐出来,放在罐子里发酵。因为口水里有分解淀粉的酵素,能产生糖,进而将生米发酵成酒。

日本酒的历史可追溯到绳文时代中期。在日本有很多神社供奉酒神,其中以奈良县的三轮神社和京都府的松尾神社、梅宫神社最为出名,它们见证了日本酒从诞生到改良到发展的历史进程。三轮神社供奉的大国主命神是日本土著民族的代表,与亚洲大陆有交流的出云国在引入了农耕技术的同时,也引进了酒的酿造技术,成为今天日本清酒的原型。松尾神社供奉的酒神据说是秦氏,是1500年前从朝鲜半岛旅居日本的众多工匠中掌握酿酒技术的代表人物。而梅宫神社供奉的是木花开耶姬神,相传她用大米酿制了天之甜酒。

清酒是由米、米曲和水发酵而成,其制作工艺与中国黄酒相似,却又不同,关键在于所使用的米和米曲不同。清酒将中国的酿酒技术加以锤炼，并与日本的风土相结合，成为今天的日本酒。清酒口味清淡醇厚，颜色清亮，酒精度数一般在 15 度到 20 度，贮存时要特别注意避光，以保持原有的风味。

日本的原生文化，是以日本的原始神道为核心的。原始神道是日本尚未受外来宗教影响之前就存在的宗教。说是宗教，它又不像佛教或者是基督教那样存在着明确的教义经典，而是以一种内在的精神力量推动日本文化的发展。从时间上来看，佛教传入日本是在公元 500 年以后，在这之前的弥生时代，原始神道是唯一的宗教，原始文化仍是弥生文化的主流。因此，清酒与原生文化有着密不可分的关系。

清酒与原始神道

日本本土的原始神道崇尚明净，忌讳污秽，认为污秽会招致神怒，会带来不幸。与秽相对的是净，即明净正直，只有明净的身心，才能与神感应沟通，得到神的庇护。而清酒之"清"恰好与其相对应。"清酒"之名最早见于公元 400 年左右所著的日本地方志《播磨国风土记》。之所以命名为清酒，从表面上来看，是与其制作工艺有关。古代的日本最开始并没有清酒，只有浊酒，后因口感不好，将其用石炭加以沉淀澄清，得到的清澈酒液便是清酒。如此看来，清酒之"清"，恰与浊酒之"浊"相对应，此种说法也是最直接的解释。但并非仅此而已。"清"字的背后，透露的是日本人的精神信仰。日本人偏爱"清"，最喜欢的十个字里就有"清"，寓意纯粹清冽。所谓"清"，即是纯洁、清白。日本的茶道四则讲究的是"和、清、净、寂"，"清"字位其二。相扑力士在比赛之前，要用"力纸"擦拭身上的污秽，象征着清净心灵上的污点；抓些盐撒在比赛场上，以便使场地清洁，皮肤擦伤不易感染，并祭祀天地，祈求安全。如此种种。日本人关于"清"的偏好，在《古事记》中已有"禊祓"的记载。而日语中的"酒"发音为"さけ"，究其词源"さ"为"斋庭"（斋戒之所）、"早乙女"（少女）的词头，有"清洁、洁净"之意；而"け"是"食"或"笥"，表示"食物、饮食"或"盛食物的器具"，"酒"意为"洁净的饮品"。由此可见，日本社会酒的文化原点应该与"圣洁""神圣"等存在关联。清酒作为弥生时代的神酒，产生之初便打上了日本原始神道的烙印，并且传承至今。

清酒与自然本位

自然崇拜是日本原始神道的重要构成要素之一，自然本位思想也是日本人一直坚守的重要本土文化。所谓自然本位，即皆法自然，以自然为本。人并非自然的统治者，而是自然构成的一部分。人如风花雪月、山川鸟树、草木虫鱼等，是构成自然万物中的一类。热爱自然，亲和自然，与自然共生共存，是人类理想的生活状态。所以，日本人在吃饭前要说敬语，以感谢自然的恩惠。发生台风、地震等自然灾害，他们会认为是人触怒了神灵，因而受到惩罚。

日本人将自己对自然的喜爱用各种形式表现出来。在文学艺术中，自然风物常是主角。公元905年由纪贯之等编撰的日本第一部敕撰和歌集《古今和歌集》,在内容构成上第一次列出春、夏、秋、冬四部,来咏四季风物,并成为后来的典范;俳句中规定要有季语,以托俳人之思。日本的花道讲究天、地、人的和谐共生;庭园山水亦追求自然情趣,将对山、川、沙、石的情怀加以浓缩。作为日本的国酒,清酒也体现了日本人对自然的喜爱。在《铭酒事典》中关于清酒品牌的介绍有400多种,其命名方法各异。有的名字是源于清酒的制作原料、酿造工艺,如大吟酿、纯米酒之类;有的是源于地名,如小樽、富士等;亦有祈求美好之辞,如福禄寿、长者盛等。除了以上几种各国皆会使用的命名方法之外,还有一些日本式的存在,如月桂冠、樱正宗、菊正宗、白雪、贺茂鹤、白牡丹、松竹梅等。月、樱、菊、雪、鹤、松等都是日本人喜爱的自然风物,是圣洁、美好的代名词,寄托了日本人对自然的一种美好期待和向往。另一方面,对于清酒至关重要的酒器也显示了日本人对自然的喜好。酒器是社会经济和文化发展的产物,随着社会经济的发展,清酒所使用的器具在材质上也不断更新。《古事记》中有应神天皇用柏树叶做酒杯的记载。日本在中世以前使用素陶的酒杯,中世以后木制酒杯开始普及,到江户时代陶瓷酒具开始流行。如今饮用清酒所使用的酒器以陶瓷制的为主,此外还有金属制的、玻璃制的。在木制酒器的年代,其使用的材质多为不上漆的原木,在每一个细节上力求与自然融合,呈现不加修饰的自然美。现在的日本清酒名家菊正宗所酿造的樽酒,将酿造的清酒放入吉野杉木桶中,放置10天左右,酒液吸取杉木的色泽与香气,两者完美结合。即便是经济社会高速发展的今天,木制酒器基本已经退出历史舞台,陶瓷酒具上那些雪、樱与梅的图案,仍在述说着日本人的自然情怀。

清酒与敬神尊祖

在《三国志》中,记录了日本的酒和宗教有很深的关联,日本酒在产生之初便和宗教有着千丝万缕的联系,带有浓厚的宗教色彩。在当时的生产力条件下,面对自然的恩赐与威严,日本人形成了万物有灵的宗教信仰,在巫女的带领下,举行各种仪式祭神进行祈祷和占卜。在秋收之时,祈求大自然保佑自己能够五谷丰登;面对自然灾害时,祈求自然能够宽恕自己。举行仪式时,自然少不了用于祭祀的酒。日本著名民俗学家、民俗学之父柳田国男认为,日本人饮酒起源于祭祷,即祭神仪式。祭祷是神与人的交流,神与人一起醉倒于献给神的同一壶酒,便合二为一,创造出一种不知自己是神还是人的状态。在这个仪式里,敬神尊祖是要达到的目的,其表现形式是"神人融合"的状态,而媒介自然就是清酒。在酒精的作用下,人抛去了自己的属性,精神上与神相通,达到神与人的合一。

时至今日,清酒经历了神酒、天皇之酒,已演变为大众之酒。日本的大街小巷,被称为居酒屋的小酒馆随处可见,里面坐着来喝酒的人。日本人生活节奏快,工作压力大，居酒屋便成了众多工薪族调节人际关系、释放工作压力的场所，下班后约上三五个好友或是同事去居酒屋喝酒聊天已是日本人的常态。日本作为一个讲究辈分的人情社会，在居酒屋里却是另外一个世界，这与中国讲究的酒德、酒礼截然不同。在居酒屋里，没有了上司与下属的辈分之分，人们可以倾吐工作中的不快，甚至借着酒精的作用对上司指鼻大骂，上司不会因此对下属怀恨在心，人们对于醉酒之人也格外宽容。当酒醒之后，人们不约而同地把前一晚的事情忘记，回归到自己正常的生活轨迹中来。日本人在居酒屋中的行为模式是"神人同乐"状态在现代社会的延伸，在级别上，上司如神一样是需要尊重和敬仰的，但是通过喝酒，人们放下人情世界的辈分差异，进行无差别的交流，共同享受清酒所带来的奇妙世界。

日本文化虽然呈现出多样性，但以原始神道为核心，以自然崇拜、尊神敬祖等诸要素构成的原生文化一直深深扎根于日本社会各方面。已有 2000 年历史的日本酒——清酒，在产生之初便已深深打上日本原生文化的烙印。清酒之"清"渗透着原始神道的精髓，清酒的品牌、清酒的器具寄托着日本人的自然情怀，而居酒屋里的世界延续着敬神尊祖的"神人融合"的状态。

我们经常在清酒包装上看到"几割几分"，这是指清酒的精米步合（也叫精米度）。在清酒的制作过程中有一个步骤是削米，就是把米的外部磨掉，留下中间的芯，磨掉的比例就是精米步合。如二割三分就是磨掉了米的 77%，只留下了 23% 的芯，用于酿酒。这个精米度也是清酒分类的重要指征。

从原料上来分，日本清酒可以分为纯米系和本酿造系。纯米系指原料只用到米、水、米曲，而本酿造不同之处在于添加了酿造酒精，但是添加总量不能超过酿造用米重量的 10%，超过的话只能作为普通酒。

根据精米度的不同，两者又分为四个级别。纯米系可分为：纯米大吟酿，标示条件是精米度≤50%；纯米吟酿，标示条件是 50%＜精米度≤60%；特别纯米酒，标示条件是 50%＜精米度≤60% 且采用特别的酿造法；纯米酒，标示条件是 60%＜精米度≤70%。本酿造系可分为：大吟酿，标示条件精米度≤50%；吟酿，标示条件是 50%＜精米度≤60%；特别本酿造，标示条件是 50%＜精米度≤60% 且采用特别的酿造法；本酿造，标示条件是 60%＜精米度≤70%。

一般而言，清酒价格与分类及精米度直接相关。

从技术上来看，14—16 世纪的室町时代是奠定现代日本酒基本酿造工艺的时期。米酒的品质如何，不仅牵涉各种酿造工艺和水，稻米的品质以及米的精白程度也是相当关键的。兵库县南部称为"滩"的地方，盛产名闻遐迩的高品质播州米，很久以前就是美酒的产地；19 世纪 30 年代，沿岸的地下又发现了适宜酿酒的硬水，于是这一带就逐渐成为日本最出名的酿酒地，名为"滩五乡"，"滩酒"也成了名酒的代名词。

日本生产清酒的厂商多达 1500 家左右，每个厂家都有自己的品牌，可分为全国品牌和地区品牌。全国品牌中最常见的有月桂冠、菊正宗、大关、白鹤等。地区品牌如樱正宗、白鹰、贺茂鹤、白牡丹、千福、日本盛、松竹梅及秀兰等也享有盛誉。

为中国人所熟知的菊正宗创业于 1659 年，历史悠久，是日本清酒界的老牌企业之一。其产品的特色是酒香味烈，这是日本第一酒乡——滩五乡酒厂的特有酒质。因为其酒气凛冽，故称为"男人之酒"，与一般市面上贩售的稍带甜味的其他清酒不同。比如京都的伏见酒，即大家常说的"甜味之酒"，它在日本国内被称为"女人之酒"。菊正宗公司可以酿造出如此凛冽的酒，是由于其在酿造发酵的过程中，采用自行开发的"菊正酵母"作为酒母。这种酵母菌的发酵力强，而且生命力旺盛，直到发酵末期不会死亡，能最大限度地将酒中的葡萄糖转化成酒精，因此酿造出了拥有凛冽酒质、余味悠长的日本清酒。也正因为如此，它的味道更加浓郁香醇。

在酒器上，我们常见到的用来饮用日本酒的器皿，多是猪口杯或者是类似茶盏的玻璃杯。2010 年，日本政府提出了名为"酷日本"（Cool Japan）的文化输出战略，动漫、游戏和清酒是这个文化输出政策里的前三位。为了响应这一政策，日本的酒具公司出品了一款专门用来饮用大吟酿级别的酒杯。同时，著名的酒杯生产厂家奥地利杯厂 Riedel 也出品了很多专门用来饮用清酒的酒杯。目前，清酒酒器有金属、木头、玻璃、陶瓷等材质，风格或时尚或古朴，各有风味，符合不同的场合。

四、中外比对：共饮与独酌

清酒以粳米为原料，用酒曲将淀粉糖化并加上酵母发酵而成，精米度为 70%、60%，甚至是 40%。清酒酿造追求的是一种纯粹的酿造法，无限地提高淀粉的比率，削去脂肪、灰分、蛋白质，对酒曲也同样如此。而绍兴酒则完全不同，其以大米等五谷为原料，糖化并经发酵、压榨、过滤而成。绍兴酒的主原料是糯米，大曲使用的是碾碎的小麦，小曲使用粗米粉及辣蓼草，而且在醪中加上酸浆水，借用精米度的概念，其约为 90%。可见绍兴酒除了淀粉以外，还包含着复杂的成分，因此成熟期要 3 年或 5 年，甚至更长。而清酒因为追求纯粹的淀粉，控制精米度，储存期仅为 1 年。黄酒温润，越放越香，故有状元红、女儿红的故事；清酒则不然，最佳品尝时间期限较短，年份长了会影响口感。

日本清酒与中国绍兴酒的差异，正反映了两国民族性的差异，两个民族食文化及酒文化的差异。

日本作为一个岛国,四周茫茫大海成为天然的屏障。在很长的历史时期里,日本民族与其他民族几乎没有群众性的交流,形成了自己独特的民族文化,在食文化包括酒文化的深层,形成一种排斥异质、追求纯粹的心理。日本的刺身(即生鱼片)和清酒也正是在日本文化这种纯粹价值观的基础上产生的典型代表。

中国有着宽广的国土,在中华大地上繁衍生息的各民族不断交融汇聚,特别是中国自秦汉形成统一的多民族国家以来,大一统的理念深入人心,各民族在分布上交错杂居、经济上相互依存、文化上兼收并蓄、情感上相互亲近,最终形成了多元一体的中华民族,也形成了丰富博大的中国文化。这种历史现象就像中国酒的酿造成分一样,中国酒同样体现出中国文化的民族特征。

从定价上看,黄酒价格亲民,普通百姓也可以当作日常饮用的酒品,而近些年在中国销售的清酒都价格不菲,让一些不懂酒的人唯价格论,认为清酒更好。二者价格的差异,主要因两方面导致。首先是原料,黄酒的主要原料为糯米,清酒则为大米。黄酒酿造所用的糯米一般是普通糯米,而清酒更为讲究,必须选用专门的"酒造好适米"(适合酿造清酒的米),这种大米颗粒饱满,品质优异,但价格比普通大米贵 3～7 倍。而近些年一些清酒品牌追求精米步合,过高的磨米率也直接导致清酒原料的损耗高,从而拉升了酒的定价。其次是宣传。清酒作为日本"国酒",在国际市场上非常重视宣传,配合日本的文化输出,包括和一些法国大厨的合作等,向全世界推介清酒,营造清酒适合佐餐贵价食材的气氛,从而拉升清酒在日本域外的售价。

在饮酒仪式上,黄酒并无定式,也无固定酒器,可用碗,可用杯,杯子可以是玻璃,亦可用锡器。家人团聚或是朋友小酌,日常饮用或是高端宴请,黄酒均是佳选。清酒却要讲究酒器和配菜。

酒可独酌,亦可共饮,独酌或是共饮不仅是酒文化的体现,也是一个国家、一个民族的文化象征。若是来绍兴,常能在河岸边见到不少老人,他们闲坐聊天,随手从背后掏出一个酒壶,不经意地喝上一口。酒在绍兴不单是一种饮品,早已成为日常生活的一部分,在团聚的日子里更是少不了黄酒的身影,男女老少皆可举杯共饮。而清酒的饮用往往在居酒屋或是家中,鲜少有户外饮用,除宴请外,日本人更喜欢在结束一日工作后独酌一杯,放松心情。

综上,日本清酒是以中国黄酒的酿造法为模板而发展起来的日本国酒,绍兴酒是起源于中国而发展起来的酒。两者都采用米作为原料,但是色、香、味差异较大。日本清酒的色泽呈现出接近于无色的淡黄色,一般香味清淡,其中高级酒果味浓厚,味道纤细。中国的绍兴酒呈现琥珀色,香味浓厚,甘醇。

课后作业：

　　1.你喝过绍兴黄酒吗？它的相关衍生商品有哪些？

　　2.黄酒文化起源于什么时期？我们如何守护并传承黄酒文化？

　　3.你觉得绍兴黄酒和日本清酒的异同之处在哪里？

第四章　越剧文化——借鉴与传承

越剧，英文名 Yue Opera，是中国五大戏曲种类之一，有"中国第二大剧种"之称，是第一批国家非物质文化遗产。越剧长于抒情，以唱为主，声腔清悠婉丽、优美动听，表演真切动人，极具江南灵秀之气；多以"才子佳人"题材的戏为主，艺术流派纷呈。主要流行于浙江、上海、江苏、福建等南方地区，鼎盛时期除西藏、广东、广西等少数省、自治区外，全国都有专业剧团存在。越剧在海外亦有很高的声誉和广泛的群众基础，为流传最广的地方剧种。2006 年 5 月 20 日经国务院批准列入第一批国家级非物质文化遗产名录。

一、越剧文化：前世与今生

越剧前身是浙江嵊县一带流行的说唱形式"落地唱书"（主要是马塘村为主，可以说是越剧的起源了），清光绪三十二年(1906)春开始演变为在农村草台演出的戏曲形式，曾称小歌班、的笃班、绍兴文戏等。艺人初始基本上是半农半艺的男性农民，故称男班。1925 年 9 月 17 日，上海《新闻报》演出广告中首次以"越剧"称之。

越剧发展

1917 年 5 月 13 日，小歌班艺人初次进入上海，在十六铺"新化园"演出，因艺术上粗糙简陋，观众寥寥。后续有 3 班艺人来上海，但均告失败。艺人们在学习绍兴大班和京剧的表演技巧后，艺术上有所提高，1919 年小歌班开始在上海立足。

1920 年起，小歌班集中了一批较知名的演员，编演了一些引人入胜的新剧目，如《梁山伯与祝英台》《碧玉簪》《孟丽君》等。这些剧目，适应了五四运动后争取女权和男女平等思潮的兴起，受到观众欢迎。之后，升平歌舞台老板周麟趾，从嵊县请来民间音乐组织"戏客班"的 3 位乐师组成越剧史上第一支专业伴奏乐队，演奏时以 15 两音定弦，沿用绍兴大班习惯，称为〔正宫调〕，简称〔正调〕，从此〔丝弦正调〕成了主腔；并借鉴绍兴大班的板式，初步建立起板腔体的音乐框架。1921 年 9 月至 1922 年，男班艺人相继将剧种改称"绍兴文戏",吸收京剧、绍剧的表演程式,向古装大戏方面发展。剧目则受海派京剧影响,主要编演连台本戏,在"大世界""新世界"等游乐场以及茶楼、旅社、小型剧场演出。主要演员有小生王永春、支维永,小旦卫梅朵、白玉梅、金雪芳,老生马潮水,小丑马阿顺、大面金荣水等。

1923 年 7 月,嵊县籍商人王金水请男班艺人金荣水回乡办起第一个女班,招收 13 岁以下的女孩 20 余人。翌年 1 月 14 日,该女班在上海升平歌舞台演出,称"髦儿小歌班"。1929 年,嵊县办起第二个女班,之后续有举办。

1928 年 1 月起,女班蜂拥来沪,至 1941 下半年增至 36 个。1931 年底开始,一些女演员如王杏花、陈苗仙、吕福珠以及"东安舞台""四季春班"等先后来沪,但仍为男女混合演出的形式。女子越剧的所有著名演员几乎都荟萃于上海,报纸评论称"上海的女子越剧风靡一时,到近来竟有凌驾一切之势"。而男班由于演员后继无人,最终被女班取代。

女子越剧在上海立足后,为适应环境和观众需求,以姚水娟为代表的一批越剧从业者进行了变革,当时称为"改良文戏"。各剧团、班社竞相编演新剧目。4 年间,编演的新剧目超过了 400 个,剧目题材广泛,风格、样式多种多样,编剧多半曾从事过"文明戏",剧目一般采用幕表制,当时主要的编剧有樊篱、闻钟、胡知非、陶贤、刘涛等。剧目内容的多样化,引起演出形式相应的变化,出现纷纷向兄弟剧种学习的趋势。当时有的学海派京剧,如商芳臣曾搬演周信芳的名剧《明末遗恨》;有的学申曲,如施银花、屠杏花移植上演西装旗袍戏《雷雨》;有的则学习电影、话剧,如姚水娟演的《蒋老五殉情记》《大家庭》,采用写实布景,人力车上台。在经营方式方面,破除了封建性陈规,实行经理制,统一掌管前后台。

这时期,最有名的演员旦角为"三花一娟一桂",即施银花、赵瑞花、王杏化、姚水娟、筱丹桂;小生为屠杏花、竺素娥、马樟花;青年演员如袁雪芬、尹桂芳、范瑞娟、傅全香、徐玉兰等,都已崭露头角。

1942 年 10 月,袁雪芬以话剧为榜样,在大来剧场开始改革。前两年陆续聘请的编导有于吟(姚鲁丁)、韩义、蓝明(流)、萧章、吕仲、南薇、徐进等,大多数是年轻的业余话剧工作者。他们把进行改革的越剧称为"新越剧"。1944 年 9 月,尹桂芳、竺水招也在龙门戏院进行改革。此后,上海的主要越剧团都投入"新越剧"的行列,越剧的面貌在短短几年中发生了巨大变化。

越剧改革,首先是编演新剧目,建立剧本制,废除幕表制。即使演出传统剧目,也经过整理改编,新剧目内容比过去有较大变化。许多编导和主要演员们,重视剧目的社会效益,主张给观众以积极有益的影响,编演了大量反封建、揭露社会黑暗和宣扬爱国思想的剧目。1946 年 5 月,雪声剧团将鲁迅小说《祝福》改编为《祥林嫂》,这引起了中国共产党地下组织对越剧和整个地方戏曲的重视。是年 9 月,周恩来在上海看了雪声剧团的演出,又对中共地下组织如何做好地方戏曲界的工作做了指示和部署。中共党员钱英郁、刘厚生等被派到越剧界担任编导。之后,上海文艺界和新闻界的进步人士对袁雪芬被流氓抛粪事件、"越剧十姐妹"联合义演《山河恋》及为筱丹桂申冤的斗争中,也都给予了支持。

唱腔也有重大突破。40 年代前期,袁雪芬演出《香妃》和范瑞娟演出《梁祝哀史》时,都与琴师周宝才合作,创造出柔美哀怨的〔尺调腔〕和〔弦下腔〕。后来这两种曲调发展成为越剧的主腔,并逐渐形成不同的流派。

在表演方面,越剧一方面向话剧、电影学习刻画人物性格、心理活动的表演方法,另一方面向昆曲、京剧学习优美的舞蹈身段和程式动作,逐渐形成了写意与写实相结合的风格。

在舞台美术方面,采用立体布景、五彩灯光、音响和油彩化妆,改革服装式样,色彩、质料柔和淡雅,成为舞台艺术整体的有机组成部分。

这一系列的改革,逐步建立起正规的编、导、演、音、美综合的艺术机制,并组建剧务部这一负责舞台综合艺术的机构。越剧改革,促使观众的构成发生了变化,除原来的家庭妇女外,还吸引来大批工厂女工和女中学生。上海解放前夕,从事越剧的几个主要剧团如"雪声""东山""玉兰""云华""少壮"都受到中国共产党直接或间接的影响,生机勃勃。

1949 年 5 月上海解放。1950 年 4 月 12 日,成立了上海第一个国家剧团——华东越剧实验剧团。1955 年 3 月 24 日,上海越剧院正式成立。剧院荟萃了越剧界一大批有较高艺术素养的编、导、演、音、美等专门人才,在中国共产党为人民服务、为社会主义服务的文艺方向和"百花齐放,推陈出新"方针指引下,发挥了国家剧院示范作用。此外,一批集体所有制的剧团如"芳华""云华""合作""少壮"等也很活跃,在出人出戏方面取得不少成果。

20 世纪 50 至 60 年代前期是越剧的黄金时期,创造出了一批有重大影响的艺术精品,如《梁山伯与祝英台》《西厢记》《红楼梦》《祥林嫂》等在国内外都获得巨大声誉,《情探》《李娃传》《追鱼》《春香传》《碧玉簪》《孔雀东南飞》《何文秀》《彩楼记》《打金枝》《血手印》《李秀英》等成为优秀保留剧目,其中《梁山伯与祝英台》《情探》《追鱼》《碧玉簪》《红楼梦》还被拍成电影,使越剧进一步风靡大江南北。

音乐方面,又创造出新的曲调,如在 50 年代,袁雪芬与作曲家刘如曾合作,吸取男班艺人的唱法,创造了新型的〔男调〕。1958 年、1959 年,傅全香、袁雪芬分别在《情探》中的"行路"、《双烈记》中的"夸夫"中,创造了崭新的〔六字调〕,得到广大观众的欢迎并传唱。

为了培养艺术接班人,1954年秋,华东戏曲研究院设演员训练班,后改建为上海市戏曲学校,招收越剧男女学员60人。1959年学员毕业后,分配到上海越剧院组成男女合演的实验剧团,有计划地从事男女合演探索。他们运用"同调异腔""同腔异调""同调同腔"等方法,解决了男女对唱的困难。为使越剧事业后继有人,上海市戏曲学校又于1956年开办了越剧音乐班。上海越剧院和虹口、静安等区也分别办了学馆或戏校,培养出一批优秀人才,成为业务骨干。

随着社会主义建设事业的发展,越剧开始从上海走向全国。至20世纪60年代初,越剧已流布到20多个省级行政区,影响日益扩大。

1966年开始的"文化大革命",使越剧受到严重的摧残,一批著名演员、创作人员和管理干部受到迫害,越剧被迫停演。

"文化大革命"结束后,越剧得到复兴。1977年、1978年和1981年,上海越剧院相继创作演出了男女合演的《忠魂曲》《三月春潮》《鲁迅在广州》,塑造了现代史上毛泽东、周恩来、鲁迅等历史伟人的形象。在"文化大革命"中被迫解体的区级越剧团,也部分得到重建,恢复了艺术活动。

随着思想解放运动的展开和拨乱反正的深入,被打入冷宫十几年的传统戏和历史剧也陆续恢复演出。女子越剧重新得到认可,并焕发出新的生机。老艺术家怀着迎来第二个春天的喜悦,积极复演优秀保留剧目,排演新的剧目,进行艺术总结,无私地指导青年一代。一些20世纪五六十年代已成名的演员如陆锦花、王文娟、张云霞、吕瑞英、金采风、毕春芳等,艺术上继续提高,风格更加鲜明,形成各自的流派,并被观众和行家认可。

为解决"文化大革命"造成的人才青黄不接的问题,主管部门十分重视人才培养。尤为突出的是浙江1982年9月举办的"小百花"会演,在此基础上选拔组建的浙江省小百花越剧团,以"求新、求精、求美"为目标,后来成为著名的品牌。"小百花"向各地、各剧种辐射,被称为"小百花现象"。茅威涛、董柯娣、何英、何赛飞、方雪雯、颜恝、陈辉玲等都脱颖而出。绍兴小百花的吴凤花、陈飞、吴素英等也以文武兼长受到观众欢迎。其他一些地方也相继建立了"小百花"越剧团。上海通过学馆、戏曲学校以及人才引进,培养了赵志刚、钱惠丽、单仰萍、王志萍、陈颖、方亚芬、肖雅、陈颖、韩婷婷、金静等优秀青年演员。多次青年演员会演以及各种广播、电视大赛等活动,为他们扩大影响创造了条件。越剧舞台在新的时期实现了世代交替,重新展现出青春活力。

在改革开放的新时期,上海越剧的一个突出特点是:艺术思想更加解放,艺术观念更加开放。在创作演出上,题材、风格更加多样化,二度创作更致力于吸收现代艺术的成果,进行大胆的探索。《汉文皇后》《魂断铜雀台》等历史剧和根据莎士比亚作品改编的《第十二夜》,在艺术上都有较大的创新。随着电视的普及,《孟丽君》《梁山伯与祝英台》《西厢记》《孔雀东南飞》《红楼梦》《沙漠王子》等一批优秀剧目,都被摄制成电视片,有的还在全国评奖中获奖。

越剧在影响遍及全国的同时,还走出国门,在国际上赢得盛誉。1955 年夏,上海越剧院以中国越剧团的名义,到民主德国和苏联演出;1959 年、1961 年,上海越剧院分别赴北越、朝鲜访问演出。在改革开放的新时期,1983 年上海越剧院青年演员东渡日本演出《红楼梦》,1986 年又去法国巴黎参加巴黎秋季艺术节演出,1989 年 5 月上海越剧院一批艺术家到美国进行访问演出,都受到各国人民和华侨的热烈欢迎和高度评价。

走出国门:日内瓦会议的"第二战场"

1954 年 4 月在瑞士日内瓦举行的日内瓦会议,是新中国第一次以五大国身份参加的大型国际会议。周恩来总理兼外长率领的中国代表团,在日内瓦会议期间发挥了重要作用,在会议濒临破裂的关键时刻,中国代表团积极斡旋,提出了解决老挝和柬埔寨问题的方案。7 月 21 日,会议通过《日内瓦会议最后宣言》,印度支那基本恢复和平。日内瓦会议也成为中国和西方开展接触的重要场合,中国在会场内外展现斗争精神和灵活态度,同美、英、法等西方国家接触取得重要成果,冲破了以美国为首的西方国家对新中国的封锁和禁运,实现了外交突破。

两套服装。鉴于日内瓦会议的重要性,无论是新中国的形象还是每一个代表团成员的形象,都显得极为重要。出发前,周恩来向代表团成员专门叮嘱:中国是一个大国,到日内瓦是参加一个正式的国际会议,我们是登国际舞台了,因此要唱文戏,文戏中有武戏,但总归是一个正规戏、舞台戏。有几个兄弟国家参加,要配合,要有板有眼,都要合拍。又是第一次唱,所以还要本着学习的精神。

为唱好这出"文戏中有武戏",周恩来交代:给每人做两套服装,一套是灰色的西装,一套是中山装。整齐统一,简洁明快,干净利索。

4 月 24 日下午 3 时,周恩来一行抵达日内瓦机场。各国记者蜂拥而至,其中数美国记者最多,他们几乎从未与中国共产党的官员打过交道。飞机停稳了,第一个走出机舱的就是周恩来。他身穿得体的大衣,右手自然地举过眉梢,微笑着向前来迎接的人们致意。

周恩来的身后是张闻天、王稼祥和李克农,随后是中国代表团秘书长王炳南,顾问有雷任民、师哲、乔冠华、陈家康、柯柏年、宦乡、黄华、龚澎、吴冷西、王倬如、雷英夫……这支队伍集中了新中国最优秀的外交官。

中国代表团向在场记者散发了周恩来的机场书面声明,向记者们提供了一份独特的有关周恩来的介绍材料。这是一份仅 1800 字左右的中英文对照的书面简历,上面写道:"周恩来(生于 1898 年),中国杰出的政治活动家、军事家和外交家,中国共产党杰出的组织者和领导者之一,毛泽东最亲密的战友之一……"

这份简历,就连中国代表团的许多成员事先都未见过。它的起草者是中国外交部常务副部长李克农。这是经中共中央直接批准的,一份少有的以个人简历为内容的对外宣传材料,意在通过宣传周恩来而宣传新中国,并首次使用了"最亲密的战友"这种提法。

第二天,在关于周恩来和中国代表团的报道中,西方媒体上出现了这样一些语句:"一个年轻的红色外交家率领了一批更为年轻的红色外交家……""他们穿的衣服都是一样的,连手提箱也都相似……"

两个战场。中国代表团在日内瓦会议上同时开辟两个战场,一个在会议之内,一个在会议之外。同会场内充满火药味的唇枪舌剑、针锋相对相比,会外的活动则显得平和儒雅,透露出机敏和睿智。

日内瓦会议吸引了来自 40 多个国家和地区的媒体和记者前来报道,仅在"新闻之家"登记的记者就有近千名,这在当时是破纪录的。周恩来规定,除新闻发布会外,外国记者同中国代表团接触,一律通过新闻办公室。

周恩来对接待外国记者的工作,做了五条原则指示:(1)来者不拒,区别对待;(2)谨慎而不拘谨,保密而不神秘,主动而不盲动;(3)记者提问,不要滥用"无可奉告",凡是已经决定的、已经公布的、经过授权的事,都可以讲,但要言简意赅,一时回答不了的,记下来,研究后再回答;(4)对于挑衅,据理反驳,但不要疾言厉色;(5)接待中,要有答有问,有意识地了解情况,有选择有重点地结交朋友。

中国代表团新闻办公室设在宝瑞华旅馆,来访的外国记者很多,他们着重询问中国各方面的情况。周恩来对此早有预见,事先就让有关部门编写了介绍中国情况的材料,还带去了国内出版的外文书刊。有了这些材料做依据,对外国记者提出的问题,基本上都能回答。周恩来还指定专人进行了检查,确保回答准确。

周恩来进一步指示,接待外国记者的方式不能是"守株待兔"式的,可以为友好的记者举行小型宴会,为一般的记者举行大型冷餐招待会,便于宣传"自己",了解对方,结交朋友。不久,越来越多的西方记者询问中国的外贸情况,原先准备的材料不能满足他们的要求。周恩来指示新闻办公室为外国记者举行一次中国外贸问题座谈会,外国记者反映非常好。

两部电影。为了破除美西方对新中国的偏见,周恩来指示为外国记者举行电影招待会。他特别交代:要选好放映日期,不要在开会的日子,也不要在周末,把请柬分成两种,一种指名邀请,一种不写名,就放在"新闻之家",准备让中国台湾、南朝鲜(韩国)以及不便邀请的美国记者自取。放映时根据中文解说词,用英文通过扩音器做简单说明。

按照周恩来的指示,代表团首先放映了《1952年国庆节》。能容纳350人的电影院座无虚席,还有人站着看。一名瑞士记者在报道中说:"当全副武装的中国军队和手捧鲜花的姑娘们,迈着矫健的步伐,跨过日内瓦的银幕时,西方和东方的无冕之王们都情不自禁地一起发出轻轻的赞叹声。"苏联代表团的新闻联络官说,这是个创举,表示要向中国代表团学习。

周恩来又安排播放了一部精彩的中国爱情片——越剧影片《梁山伯与祝英台》。周恩来特别要求:"要在请柬上写上一句话:请你欣赏一部彩色歌剧电影——中国的《罗密欧与朱丽叶》,并在放映前做3分钟的说明,概括地介绍一下剧情,用语要有点诗意,带点悲剧气氛,把观众的思路引入电影,不再做其他解释。"影片放映后,获得了巨大的成功。一名印度记者看后惊叹:"新中国成立不久,就能拍出这样的片子,说明中国的稳定。这一点比电影本身更有意义。"之后,这部电影又在更大的范围放映了几次,影片的色彩和音乐广受赞誉,被誉为"东方式的细腻的演出"。

在历时3个月的会议期间,周恩来以其过人的敏锐、出众的智慧、令人陶醉的风度和魅力,赢得了众多与会者的赞誉和国际舆论的好评。甚至有人说:"苏联人将外交变成科学,而中国人使外交成为艺术。"

(《光明日报》,2021年07月09日12版)

艺术特色

1.服装化妆

越剧在小歌班初期,戏中角色的穿戴大多数借用生活中的衣衫、长袍、马褂,扮官宦的也有用庙里的神像蟒袍。后来向绍兴大班行头主租用戏装,放在箥箩里,挑着走村跑镇,这是越剧最早出现的衣箱形式。租赁行头多以袄、衫、蟒、靠、箭衣为主,行头样式,基本上是绍剧、京剧传统样式。

20世纪20至30年代绍兴文戏时期,受上海京剧衣箱制度影响,主要演员和群众演员的服装开始分开。主要演员穿"私彩行头"(又称私房行头),由主要演员负责添置;一般演员及龙套、宫女等群众演员,穿"堂中行头",这类行头由班主或香衣班头出资租借。由于当时观众既要看演员又要看行头,促使一些名演员竞相炫耀私彩行头,有的小旦演出时在一个晚上连换10多套服装。有人称这时的越剧服装是"杂乱无章"时期。

越剧服装设计开始于1943年,专业舞美设计师韩义在《雨夜惊梦》中,对剧中魔王及4个小鬼的服装做了设计。是年11月,袁雪芬主演《香妃》时,因剧中人物有兄弟民族及出场人物身份较多，力求艺术上的统一，全部服装由韩义统盘设计，由演员自己置办，戏院老板根据角色主次贴一部分置办费。这是越剧服装的一大改革。

20世纪40年代后期，越剧服装改革通过不断艺术实践，总结成败经验教训，逐步形成了独特的风格，并成长起了一批专业设计师，如幸熙、苏石风、韩义、张坚安以及新中国诞生后成长的陈利华等。

越剧服装在配色上，突破衣箱常用的"上五色"和"下五色"的规范，增加了大量的中间色，具有淡雅、柔美、简洁、清新的特色，加强了优美、柔和的感觉。在衣料上，不再用传统服装反光较强的软缎，而主要用无反光的绉缎做面料，兼用丝绒、乔其纱、珠罗纱等，水袖则用无光纺。服装的款式和佩饰，从中国传统人物画（特别是仕女画）和民间美术中借鉴，创造了自己的新式样，然后按人物不同需要，配上云肩、项链、飘带、丝绦、玉佩等，使服装变化丰富起来，并且带有历史时代感，其中以明代款式居多。20世纪60年代以后，衣料使用了新颖的产品，使设计的天地更为广阔。有些服装利用古色古香的绸缎纹饰代替绣花，收到了很好的舞台效果。

由于不懈地探索和积累，越剧服装的轻柔、淡雅、清丽的独特风格，不断巩固和发展，并在国内外演出中产生了很大的影响，从而成为我国戏曲服装中一种独特的服装风格样式。

越剧早期演出，男角多不化妆；男演女角时，把脑后的辫子散开，梳成发髻，脸上搽胭脂和铅粉；有些草台班的女角化妆，两颊用红纸沾水搽腮红，不画眉，或用锅底灰画眉，称"清水打扮"。后来越剧发展到小歌班时期，开始演古装戏，仿效绍剧，学水粉化妆法，白粉底，红胭脂，墨膏描眉眼，大花面开脸，小丑画白鼻梁。1942年10月，雪声越剧团上演《古庙冤魂》时，韩义首次给袁雪芬试化油彩妆，之后，编导于吟又邀请电影明星为该团做化妆指导，全部废除水粉上妆，改用油彩。此后数年间，尹桂芳、竺水招、傅全香、钱妙花、吴小楼等在演出新编剧目时，均改为油彩化妆。1946年，化妆师陈绍周在越剧《祥林嫂》中成功地化妆了祥林嫂从青年到残年成为乞婆的舞台造型。越剧界在上海电影界、话剧界化妆师们的大力支持下，不断研究与实践，于20世纪50年代初期基本形成具有剧种风格的化妆特点，这就是吸收传统的水粉化妆法色彩鲜明的优点和电影、话剧化妆柔和自然的长处，形成了色彩明快柔和、线条清新、五官分明的特色，既符合生活，又有艺术夸张，给观众以柔美抒情的美感。

2.表演特征

越剧的角色行当分为小生、小旦、老生、老旦、小丑、大面六种，目前越剧剧目多以小生、小旦为主。自从20世纪40年代越剧改革以来，行当界限并不严格。

越剧更适宜表演古装文戏，其表演以优美、细腻、淳朴、儒雅见长。

越剧表演艺术的主要特色是将传统戏曲写意的表现手法，同话剧、电影写实的表现手法巧妙地有机地结合起来,使越剧表演既有表达人物生活的真实美,又体现出戏曲的形式美。

越剧表演的另一特色是"有规范的自由动作"。越剧表演在不断改革实践中,形成了一套适合本剧种题材的、同音乐相协调的、具有柔雅清丽格调的手眼身法步传统程式。它作为表演规范运用时,又能在现实主义表演方法的驾驭下,根据不同剧目、不同人物的需要,赋予新的内容、新的活力,常用常新,创造出新的程式。

越剧表演还有一大特色是融合编、导、音、美组成风格完整统一的综合体,突出人物形象的塑造,使表演产生撼人心魄的效果。越剧表演的魅力,在于能紧紧吸引观众倾心关注角色命运,在演员的"假戏真做"中引起感情上的强烈共鸣,从而得到美的享受。

3. 流派唱腔

越剧流派唱腔由曲调和唱法两大部分组成。在曲调的组织上,各流派都有与众不同的手法和技巧,通过旋律、节奏以及板眼的变化,形成各自的基本风格,特别是起调、落调、句间、句尾的拖腔,以及旋律上不断反复、变化的特征乐汇和惯用音调等,更是体现各流派唱腔艺术特点的核心和关键。在演唱方法上,则大都集中在唱字、唱声、唱情等方面显示自己的独特个性,通过发声、音色以及润腔装饰的变化,形成不同的韵味美。有些细微之处,包括不少曲谱难以包容、也无法详尽记录的特殊演唱形态,更能体现各流派唱腔的不同色彩。

生角流派

尹派:由尹桂芳创立。她的表演朴实而不呆板,聪颖但不轻佻,潇洒而不飘浮,吐字清晰而别有风味。尹派的特点是深沉隽永,缠绵柔和。

徐派:由徐玉兰创立。她吸收了绍剧粗犷悲壮的特点,京剧刚健、坚实的技巧,又融合了越剧早期小生唱腔中朴实、淳厚的因素,形成了自己华彩俊逸,洒脱流畅,奔放高亢,感情炽热,曲调大起大落、跌宕明显的特点。

范派:由范瑞娟创立。范瑞娟戏路较宽,她嗓音实、声宏亮、中气足、音域宽,演唱追求刚劲的男性美。她是〔弦下腔〕的创始人之一。范派的特点是朴素大方,咬字坚实,旋律起伏多变,带男性气质、阳刚之美。

竺派:由竺水招创立。竺水招表演细腻妩媚,清新脱俗,唱腔甜润而柔糯,尤为突出的是戏路宽广,花旦、青衣、小旦、小生(主)、老生乃至老旦等行当都能应付自如,加上扮相俊美,被观众喻为"越剧西施"。

陆派:由陆锦花创立。她擅长扮演儒生、穷生、巾生。她的演唱不尚华丽,不喜雕琢,朴实清丽,自然流畅。

毕派:由毕春芳创立。毕春芳擅长演喜剧,她发声清脆且富有弹性,音域较宽,善于用唱法的变化来塑造人物形象。她吸收了范派、尹派的唱腔精华,袁派的表演技巧,融会贯通自成一格。

旦角流派

施派:由施银花创立。施银花是女子越剧的开拓者,女子绍兴文戏时期的著名旦角,有"花衫鼻祖"之誉。施派的唱腔柔媚婉转,旋律柔媚,富有女人味。

袁派:由袁雪芬创立。在越剧唱腔艺术发展史上,袁雪芬是个重要的代表人物。1943 年,她与琴师周宝才合作创造了〔尺调腔〕,把越剧唱腔艺术推进到一个新的阶段,越剧的所有流派都是在〔尺调腔〕基础上发展并丰富起来的。袁派对越剧旦角唱腔的发展、提高和里派的形成有着深远的影响。袁派唱腔的风格是质朴平易,委婉细腻,深沉含蓄,韵味醇厚,声情并茂。

傅派:由傅全香创立。其主要特点是唱腔俏丽多变,跌宕婉转,富有表现力,表演充沛,细腻有神,有感人以形、动之以情的魅力。傅派是越剧花旦唱腔中的重要流派。

王派:由王文娟创立。她以善于表演人物神态、传达内心感情而著称。王文娟博采众长,追求创新,逐步形成了自然流畅、平易质朴、情真意切的风格。

戚派:由戚雅仙创立。戚派的特点是感情真挚浓厚,曲调朴实,花腔不多,但组织严密,节奏鲜明,音型简练并经变化反复出现,形成让人印象深刻的特征。

吕派:由吕瑞英创立。她的唱腔在质朴细腻、委婉深沉的袁派基础上,增加了绚丽多彩、雍容花俏的唱腔。其唱腔乐感强,有越剧界"抒情女高音"的美誉。

金派:由金采凤创立。金采凤师承袁雪芬,并吸收施银花、范瑞娟、傅全香等名家的精华,高雅得体。她擅演大家闺秀,唱腔婉转回荡,吐字清晰,运气自然,富于韵味。

张派:由张云霞创立。其唱腔的主要特点是曲调细腻婉转,情深意浓;音色柔和甜润,韵味十足。

4.伴奏乐队

越剧早期无乐队伴奏,演唱时仅用笃鼓、尺板以及人声帮腔作为伴奏。1920 年后仿效京剧与绍剧,组成了 3 人乐队(1 人敲鼓兼小锣,1 人平胡兼唢呐、铙钹,1 人弹斗子兼大锣),吸收了京剧曲牌和锣鼓。到 20 世纪 40 年代,已发展成 5 人乐队,板鼓、唢呐兼二胡、板胡、三弦兼小锣、斗子兼大锣,文武场用京剧、绍剧的曲牌和锣鼓,伴奏时运用无固定乐谱的跟唱伴奏,乐师即兴演奏,为支声复调的托、保、衬、垫。1943 年,越剧乐队进行了探索性改革,取消了传统的打击乐,吸取了电影、话剧的配音手法,以流行音乐(广东音乐)代替了闹头场和幕间曲。2 年后,刘如曾等新音乐工作者尝试用西洋乐队伴奏,但与剧种的风格很不统一。1948 年演《珊瑚引》时,越剧乐队终于有了重大改革,确定伴奏乐队全部由民乐乐队组成,乐器编制在原有的鼓板、胡琴、斗子、三弦外,增加了琵琶、箫、大胡、笙等,乐队定员为 10 人。1955 年起,为适应剧目整体革新的需要,乐队人员扩展至 17 人,拉弦乐器高、中、低音声部齐全,弹拨乐器以琵琶、月琴、扬琴、三弦等组成。此外,除鼓板外,有时还用了指挥,伴奏方式由过去齐奏为主发展为运用和声手法进行配器的多声部伴奏。1976 年后,越剧乐队又有了进一步的变化,乐队的配置以民族乐器为主,部分西洋乐器为辅。拉弦乐器有越胡、二胡、高胡、八角胡、梆子胡、中胡、大提琴、低音提琴,其中越胡为越剧所特有。越胡又称主胡,是越剧代表性主奏乐器,其主要功能是托、保、衬、垫的伴唱。弹拨乐器有琵琶、柳琴、箫、唢呐、笙、键盘排笙等。西洋乐器有长笛、单簧管等。打击乐器有尺板、鼓、大锣、小锣、钹等。共四大类。

乐队编制形式,根据剧团实际情况或剧目需要,通常有以下几种。以 9 人为基础的传统乐队,有鼓板、越胡、中胡、大提琴、琵琶、扬琴、大三弦、笛及打击乐等,主要用于传统老戏伴奏。在上述 9 人乐队的基础上增加二胡、吹管乐、低音提琴各一人,成为 12 人乐队,既可采用简单的配器,亦可配置较为复杂的多声部伴奏。还可以民族乐器为主,吸收部分西洋乐器,组成 15~18 人的乐队,成为吹、拉、弹、打声部齐全的综合性乐队。

越剧乐队的伴奏形式,从传统伴奏(即按较为固定的程式及"心谱",跟着演唱伴奏),发展至运用和声、复调、配器等技巧写作的多声部伴奏。除唱腔音乐之外,为了表现人物思想及渲染气氛,运用了情景音乐。传统剧基本上都采取与内容相适应的传统曲牌,如【过场】【海青歌】【柳摇金】等。新编剧目的情景音乐由作曲者创作。

5. 经典剧目

越剧有大量上演剧目,《中国越剧大典》记载的代表性优秀剧目共有 375 个,其中有影响而又经常演出的剧目如:《梁山伯与祝英台》《红楼梦》《西厢记》《祥林嫂》《何文秀》《碧玉簪》《追鱼》《情探》《珍珠塔》《柳毅传书》《五女拜寿》《沙漠王子》《盘夫索夫》《盘妻索妻》《九斤姑娘》《山河恋》《玉堂春》《血手印》《孟丽君》《打金枝》《玉蜻蜓》《荆钗记》《西园记》《春香传》《白蛇传》《李娃传》《白兔记》《汉宫怨》《红丝错》《花中君子》《汉文皇后》《三看御妹》《金殿拒婚》《孔雀东南飞》《王老虎抢亲》《穆桂英挂帅》《陆游与唐琬》《狸猫换太子》《家》等。

经典剧目——《梁山伯与祝英台》

浙江上虞祝家村的祝员外有个女儿祝英台,她是个很有志气的女孩子。一天,她在窗口看见远处的大路上有不少书生来往,心里非常羡慕,也坚定了她要到杭州去求学的决心。祝员外认为一个女孩子没有读书的必要,不许她外出。祝英台想出了一个妙计——假扮成卜卦先生,居然哄过了她的父亲。祝员外疼爱女儿,见女儿坚决要去,又见她乔装改扮得毫无破绽,也就勉强同意了。

祝英台和她的丫环银心都女扮男装,向杭州出发了。半路上,祝英台遇见了一位书生,叫梁山伯。他带着他的书童四九,也是到杭州去念书的。二人交谈,非常投机,于是就在草桥亭上结拜为兄弟,一同上路。

梁山伯与祝英台同学了三年,感情非常好。祝英台爱上了梁山伯,但梁山伯始终不知道她是个女子。祝英台的父亲因为想念女儿,来信叫女儿回家。祝英台临走的时候,把自己的心事告诉了她的师母,并请师母替她做媒,师母答允了她的要求。

在梁山伯送祝英台的途中,祝英台不断地借物比喻,暗示自己是个女子。但忠厚淳朴的梁山伯,一直没有领会她的用意。最后祝英台只得假说她有个九妹,品貌和她相像,愿意替梁山伯做媒,嫁给梁山伯。梁山伯接受了她的好意。祝英台临别时,再三叮嘱梁山伯,要他尽快去迎娶。

某一个夜晚,梁山伯正一个人静静地在书房里想念着他的同学的时候,师母突然来把祝英台托她做媒的事告诉了梁山伯。梁山伯这才明白祝英台原来是个女子,而她在长亭亲口许婚给他的九妹,正是祝英台自己,这使梁山伯高兴得不得了。他立刻赶往祝家去求婚。沿路上一草一木都引起了他甜蜜的回忆。他责备自己太糊涂,辜负了祝英台在分别时的一片深情。

但是,这纯洁的爱情却遭到了横暴的摧残。原来祝英台回家后,祝员外就把她许配给了马太守的儿子马文才。虽然祝英台表示不愿意,祝员外也从银心口中知道祝英台与梁山伯相爱以及在长亭许婚的事,可是,这都不能改变祝员外的主张。梁山伯兴冲冲地赶到祝家,可是他俩的婚事却成不了了。

见面后,他们对自己的不幸遭遇感到悲愤。临别时,二人立下了"生前不能夫妻配,死后也要成双对"的誓言。

梁山伯忧郁成疾,回家不久就病逝了。祝英台知道梁山伯死去的噩耗,伤心欲绝,更坚定了她以身殉情的决心。当她被父亲逼着出嫁的时候,她提出一定要到梁山伯墓前祭墓,否则宁死也不上花轿。祝员外没办法,只好答应了她的要求。当花轿路过胡桥镇梁山伯墓前时,祝英台出轿,扶碑痛哭。突然刮起大风、飞沙走石,在雷电交加中,坟墓裂开了,祝英台跳入坟墓中去。

顷刻之间,风也停了,雨也住了,天空又晴朗起来。这时,梁山伯与祝英台已化成一对美丽的蝴蝶,在鲜花丛中自由地飞舞着,永不分离。

6. 名人名家

老一辈著名越剧表演艺术家有施银花(施派)、袁雪芬(袁派)、尹桂芳(尹派)、范瑞娟(范派)、傅全香(傅派)、徐玉兰(徐派)、王文娟(王派)、戚雅仙(戚派)、张桂凤(张派)、陆锦花(陆派)、毕春芳(毕派)、张云霞(张派)、吕瑞英(吕派)、金采凤(金派)、竺水招(竺派)等。

二、越剧的瓶颈与挑战

1. 观众群体严重断层

越剧需要年轻观众。"如果失去了观众,任何曲艺形式都将失去存在的意义。"著名戏曲编剧阮逊说。就目前形势而言,越剧观众群体出现断层趋势显著。作为中国第二大剧种,越剧在江浙一带有着广泛的群众基础,在越剧发源地之一的诸暨更是"粉丝"成群,越剧节目频频上演,越剧戏曲事业发展迅猛。但是不难发现,喜爱越剧的观众、越剧票友更多还是中老年人,鲜见年轻人。时下的年轻人对越剧不感兴趣,主要原因是他们的休闲娱乐方式有很多选择。休闲方式的多样化,应该就是包括越剧在内的所有传统戏曲缺少年轻观众的症结所在。随着生产、生活方式的不断变化,以及外来文化的冲击,更易接受新事物的年轻人逐渐远离包括越剧在内的传统戏曲,戏曲所承担的社会功能正在或者说已经被许多新出现的休闲形式给替代了。

2. 表演团体日渐萎缩

随着人民群众生活水平的不断提高,物质文化生活需求也日益多元化,尤其是随着影视、互联网等传媒的迅速发展和人们生活节奏的加快,年轻的一代逐渐习惯了精神快餐,传统越剧没有了竞争力。越剧市场日渐萎缩,不少地方越剧团生存艰难,现除上海、江苏、福建和浙江外,其他各省市几乎没有专业越剧团。

3.表演人才结构不合理

戏曲的生存与发展离不开人才培养,人才匮乏将制约一个剧种的发展。现有教育模式中的因循守旧之处与新形势下对越剧人才的要求并不相称,越剧艺术的发扬和传承需要后继有人。在长期实践过程中存在着这样一些问题,由于艺术学校培养的人才在进入专业演出团体后难以立即胜任剧团演出要求,会出现数年适应期,而这段适应期也成了艺术院校培养的很多表演人才无法在专业团体中迅速崭露头角的制约因素。同时,艺术院校跟专业剧团间缺少沟通,缺少联系的桥梁,使得在人才培养定位上出现了一定程度的错位。而一些民间剧团,依旧沿袭师傅带徒弟的落后的人才培养模式,使得越剧人才的培养出现了"单打一"的局面,人才培养十分不合理,一个演员常常是十几年来只能跑龙套。此外,越剧表演人员的待遇也亟待提高,要对那些对越剧发展做出突出贡献的表演人才建立特别的奖励机制,以鼓励其将更多的精力投入到越剧表演和研究上来。

4.艺术队伍文化水平偏低

据调查,1982年,浙江省首届戏曲"小百花"会演,全省各剧种代表341人(越剧220人),文化程度大多是初中毕业或肄业,小部分为小学、高中。当代如此,更遑论初创越剧并将其推向成熟的第一、二代艺人了。她们大多生于偏僻山村,没有受过文化教育和系统的表演艺术训练,与拥有深厚历史文化积淀的歌剧相比,这是越剧的明显缺失。从近年涵盖浙江、江苏、上海、福建的越剧艺术教育现状调查来看,越剧艺术专业教育的学历层次明显偏低。为此,浙江音乐学院设立越剧专业的本科教育,大幅度提高越剧从业人员的文化素养,并在此基础上形成艺术研究和创新能力,促进越剧艺术高度发展。

5.越剧与方言的互生共存

越剧最突出的特点体现在具有地方方言特色和个性化的声腔音乐。越剧孕育于乡村,发源于最早期的"落地唱书",其便以嵊州一带的乡音土语为基础。一些越剧剧作家为了体现更好、更真实的语境和剧情,大量运用了口语,如"侬""晨光""阿拉"等。这些方言是越剧艺术最精髓的部分,但也是阻碍越剧突破困境的最重要原因之一。强烈的方言地域性给越剧的爱好欣赏者带来不少困难,多数越剧只能运用地道的方言演唱,这就导致受众群体非常单一。

三、意大利歌剧:历史与当下

歌剧起源于巴洛克时期(1066—1750),最初是意大利佛罗伦萨的一群人文主义者为了复兴希腊时期的戏剧传统而创造的音乐形式,其渊源除了古希腊戏剧还有世纪神秘剧、假面剧,最直接的起源是文艺复兴后期兴起的牧歌。1599年佩里创作的《达夫尼》(已亡佚)是目前所知的第一部歌剧,1600年他创作的《尤丽狄斯》是现存最早的歌剧。这两部歌剧已经有了咏叹调与宣叙调的分工,但总体来看并不成熟。1607年蒙特威尔第创作的《奥菲欧》是第一部真正意义上的近代歌剧,作者运用了相当近代化的管弦乐队为戏剧配乐,用不谐和音烘托气氛和展现矛盾。在他的歌剧里,独唱(宣叙调、咏叹调)、重唱、管弦乐队和舞蹈综合在一起为剧情服务。蒙特威尔第认为歌剧的音乐要表达人类深刻情感,并且歌词与意义要相吻合。鉴于他对歌剧这种体裁所起的奠基性作用,蒙特威尔第被誉为"近代歌剧之父"。

此后兴起的是威尼斯歌剧学派。1637年威尼斯开放了第一家公共歌剧院——圣卡西亚诺剧院,使得这门艺术走出了少数贵族的沙龙,迎接更广泛的市民阶层的青睐。此后半个多世纪里,威尼斯前后开放了十几家歌剧院,一大批有才华的作曲家、剧作家为之谱曲、写脚本,比较有名的有切斯蒂、卡瓦利等人。这个时期的威尼斯歌剧场面有时奢华到了夸张的地步,开始运用灯光、道具、布景等手段衬托剧情。

与此同时,17世纪中期,以斯卡拉蒂为代表的那不勒斯学派也发展起来,并统治了意大利乐坛和欧洲舞台近一百年。这个乐派特别注重在歌剧中发挥人声美的作用,使声乐独唱水平空前提高,更加强了歌剧的主调风格(即与复调多旋律特点相对的单旋律风格)。当时的咏叹调已固定采用A—B—A的反复三段体形式,在第三段重复第一段音乐材料时,歌唱者可以随意添加装饰和花腔,以显示自己的歌喉和技巧。斯卡拉蒂的歌剧旋律优美亲切,选择不同的咏叹调表达不同的情绪。在重视人声的同时,他重视器乐的独立表现,采用高度程式化的作曲手法,剧情相似的剧目可以使用相同的配乐;首创了歌剧启幕前的器乐合奏——序曲,由快、慢、快三部分组成。他树立的这种歌剧典范形式,被称为意大利正歌剧。正歌剧注重人声的特色产生了阉人歌手(即在童年被阉割的男歌手,嗓音高亢,华丽而具有弹性)并在欧洲广泛运用,但后来也出现了单纯追求"美声"的形式而忽略内容的倾向,最终走向了衰败。

至于罗马歌剧,由于处于罗马教廷的心脏地带,教会的保守势力对其百般迫害,最致命的是1697年教皇英诺森十二世下令封闭并拆毁了罗马最大的一家歌剧院托尔·德·诺那并宣布此后在教皇领地内禁演歌剧,从此罗马歌剧一蹶不振。

意大利歌剧诞生后,很快传至欧洲各地,法国、德国、英国等国都出现了具有各自特点的歌剧。

法国歌剧的开山鼻祖无疑是让-巴蒂斯特·吕利。他原籍意大利,后被贵族带到巴黎。他从宫廷乐手起家,几年之内就掌握了宫廷歌剧上演的审批权,成了法国音乐界的国王。他很好地把意大利歌剧移植成为适应法国国情的艺术形式,把当时法国宫廷崇尚的舞蹈(芭蕾)艺术融入歌剧,同时把法语诗优雅独特的韵味充分地用歌词表达出来,布景服装也十分奢华,炫耀了当时法国的富强。歌剧剧情大多表现出对王权的崇尚和赞美,这一切都被打上了法国贵族阶层(而不是像其他国家一样带有市民色彩)的意识形态烙印。到了18世纪,宏大华丽的巴洛克风格歌剧开始向简洁实用的洛可可风格转变,此时出现在法国歌剧界的杰出人物是拉莫。他对传统的法国歌剧做出了不少有益的改革,使得唱腔、歌词和配乐更好地为剧情服务。他的《卡托斯与玻吕克斯》成为18世纪法国上演次数最多的歌剧剧目。

17世纪的德国是一个灾难深重的国度。1618年至1648年的三十年战争主要在德国国土上进行,使德国人口锐减,工商业凋敝,国土四分五裂。这使得本应成为歌剧主要观众的市民阶层没有发展起来,国土的分裂使得众多的小领主无力自己兴建歌剧院和组织上演大型的歌剧,很多喜爱歌剧的诸侯甚至常年住在意大利欣赏歌剧,使得这门艺术在德国的发展迟缓了许多。1627年,许茨创作了第一部德语歌剧《达芙妮》,德国开始有了自己的歌剧艺术。许茨在1609年、1628年两赴威尼斯学习音乐,曾师从蒙特威尔第。他的突出成就是把意大利单旋律作曲家的新风格带入德国音乐。他的音乐在感情上富有德国特色,成为德国巴洛克音乐的鼻祖。许茨的学生凯赛尔和库赛也成为德国歌剧界的中坚。1687年,汉堡成立了第一家上演德语歌剧的剧院。汉堡没有经受三十年战争的打击,加入了垄断波罗的海贸易的汉萨同盟,工商业很发达,有广泛的市民基础,这里是当时德语歌剧的唯一一片乐土。但是当时致力创作德语歌剧的作曲家只有凯赛尔、库赛、玛特森等不多的几位,再加上德国人认为为了歌剧而制造阉人歌手是残忍的做法,只好从意大利"进口"阉人,阻碍了德语歌剧的发展。1738年,汉堡歌剧院被迫关闭,早期德语歌剧在与意大利歌剧的交锋中败下阵来。直到半个多世纪后,在莫扎特的笔下,德语歌剧才迎来了春天。

17世纪上半期的英国同样动荡不安。以清教徒为主的资产阶级新贵族在与国王的斗争中占了上风,通过英国资产阶级革命和内战夺取了政权。清教徒信仰的加尔文派教义宣扬禁欲,力图避免一切尘世的快乐,音乐被看作是邪恶的、引诱人进入"危险的"愉悦的手段遭到禁止。歌剧传入英国不久,清教徒就上了台,他们封闭了一切歌剧院,废除了原来英国国教宗教仪式上的音乐。英格兰陷入一片沉寂之中。1658年斯图亚特王朝在英国复辟。这一历史的倒退却成了英国音乐得以发展的转机。17世纪后期英国最重要的音乐家是普赛尔。普赛尔短暂的一生创作了大量优秀的宗教音乐、歌曲、话剧配乐,最重要的贡献是晚年创作的歌剧,带有明显的英国市民趣味和民族特色。他的代表作《戴伊和达朵》成为英国本土歌剧中不可多得的佳作。普赛尔去世后,英国歌剧再度陷于停顿,意大利正歌剧充斥英国剧院。1714年,亨德尔定居英国,为沉闷的英国歌剧界带来了活力。他的正歌剧《里纳尔多》等在英国大受欢迎。但 18 世纪 20 年代末，传统的意大利正歌剧因为其沉闷的脚本、空洞的内容和雷同的剧情不能适应随着贸易和殖民发展起来的日益壮大的有产市民阶层的口味，逐渐失去了市场。这时一部针砭时弊的《乞丐的歌剧》（约翰·盖伊词，佩普什曲）在伦敦上演，它取材于日常生活，采用通俗幽默的对白和流行的曲调，赢得了市民的广泛好评。剧中对以亨德尔为代表的意大利正歌剧做了无情的讽刺，使意大利歌剧在英国受到了沉重打击，亨德尔经营的歌剧院最后因亏损而关闭。这时亨德尔把精力转向了清唱剧的创作，意大利歌剧在英国的统治宣告结束。

　　歌剧这门古老的艺术经过 100 多年的发展，其中一些华而不实的弊病逐步显露出来。18 世纪中期的阶级构成、意识形态、审美观念已经发生了重大变化，一些有识之士开始了改革的尝试。拉摩可算是改革的先行者，而最彻底、影响最深远的是格鲁克的歌剧改革。他的主旨是："质朴和真实是一切艺术美的伟大原则"；歌音乐的"真正使命"是"和诗配合，以便加强情感的表现"。在他的歌剧中，带剧情的宣叙调具有重要地位，并且加强了旋律性，使其具有细致的情感表现。他精简了戏剧结构，删去了咏叹调中华丽的炫技段，追求朴实无华的真情表演，序曲也不再脱离剧情孤立存在，而是预示剧情的有机部分。剧中的合唱、舞蹈都随剧情的需要而存在，不能任意增删。格鲁克在记谱时废弃了数字低音，代之以具有明确的各声部的现代写法。他的改革使当时腐化的歌剧艺术为之一新，影响了 18、19 世纪之交的歌剧舞台，包括罗西尼、瓦格纳在内的整个 19 世纪欧洲歌剧都从中得到了有益的启发。格鲁克的歌剧形式主要是喜歌剧。喜歌剧在 18 世纪中期兴起于意大利。1752 年一家意大利歌剧团在巴黎上演《管家女仆》一剧，引起了著名的喜歌剧之争。保守派站在维护封建贵族的艺术趣味的立场上反对喜歌剧，而以启蒙思想家卢梭为首的改革派则热情赞扬这一新生事物，并且于同年亲自写了一部喜歌剧上演。这场争论促进了法国歌剧的发展。1762 年，巴黎建立了喜歌剧院，这种充满活力的艺术形式很快在欧洲各地风行。莫扎特的《费加罗的婚礼》等也具有明显的喜歌剧色彩，而脚本作者正是一位法国人。19 世纪，意大利歌剧在贝利尼、唐尼采蒂、罗西尼三位歌剧大师手中再次焕发出征服全欧洲的魅力，特别是罗西尼的创作，集中体现了意大利人圆滑、幽默的天性，至今仍在世界各地上演。

　　在不同政治、文化背景和不同音乐观念的支配下，20 世纪 20 年代以后的西方音乐出现了流派纷呈、风格各异的现象。代表性的作曲家及歌剧有，法国印象主义歌剧如德彪西的《佩利亚斯和梅丽桑德》，拉威尔的《西班牙时刻》《儿童与巫师》；表现主义歌剧如勋伯格的《摩西和亚伦》，贝尔格的《沃切克》，施特劳斯的《萨乐美》《玫瑰骑士》；新古典主义歌剧如斯特拉文斯基的《浪子的历程》；民族主义歌剧如巴托克的《蓝胡子公爵的城堡》，肖斯塔科维奇的《姆钦斯克县的麦克白夫人》，布里顿的《彼得·格林姆斯》,格什温的《波吉与贝斯》;等等。

世界十大歌剧包括:《浮士德》《乡村骑士》《卡门》《图兰朵》《阿依达》《茶花女》《弄臣》《托斯卡》《奥赛罗》《蝴蝶夫人》《艺术家的生涯》。

经典剧目:《图兰朵》

《图兰朵》是意大利作曲家贾科莫·普契尼根据童话《一千零一夜》中的《杜兰铎的三个谜》改编的三幕歌剧,是普契尼影响力最大的作品之一,也是他一生中最后一部作品。《图兰朵》讲述了一个西方人想象中的中国传奇故事:

元朝公主图兰朵为报祖先暗夜被掳走之仇,下令如果有男人可以猜出她的三个谜语,她会嫁给他;如猜错,便处死。三年下来,已经有多人丧生。

流亡元朝的鞑靼王子卡拉夫与父亲帖木儿和侍女柳儿在北京城重逢后,被图兰朵的美貌所吸引,不顾父亲、柳儿和三位大臣的反对来求婚,答对了所有问题,原来这三道谜题的答案分别是“希望”“血”“图兰朵”。

但图兰朵拒绝认输,向父皇耍赖,不愿嫁给卡拉夫王子。于是王子自己出了一道谜题,只要公主在天亮前得知他的名字,他不但不娶公主,还愿意被处死。公主捉到了王子的父亲帖木儿和侍女柳儿,并且严刑逼供。柳儿自尽以示保守秘密。卡拉夫激动地指责图兰朵的冷酷无情,并不顾图兰朵的反抗,奋力地吻了她。

天亮时,公主尚未知道王子之名,但王子的强吻融化了她冰般冷漠的心,而王子也主动把真名告诉了公主。公主没有公布王子的真名,向众人宣布要嫁给王子,说王子的名字叫“爱”。

四、中外比对：传承与借鉴

1.唱法比较

越剧讲究咬字吐字技巧、声腔技术和情感情绪表达方法，强调字与腔、情与腔、字与情的辩证关系，通过清晰的语言，既表达人物的思想感情，又最大程度地把语言美的特质充分表现出来，以字行腔，字正腔圆，使语言音乐化，形成越剧行腔的特殊韵味。

歌剧演唱时子音清晰，母音圆润纯净，匀称的音阶连贯不断，富有弹性和灵活控制力的气息巧妙地支持着比例适当的真假声混合音质，与共鸣腔体相配合，使各声区的声音统一丰满，达到了音域宽广、音色明亮华丽的效果，具有金属般的穿透力。

越剧声乐除男女声之分外，行当区别不大。许多唱得好的青年演员凭借的是有一副好嗓子，但在演员的黄金时期嗓子问题频出，艺术生命不够长久，与歌剧演员相差甚远。这些问题都和越剧的发声技巧有关。越剧吸收西洋歌剧发声方法的科学成分，保持声腔特点，不仅不会影响越剧的民族特色，而且可以拓宽音域，改善音质音色，延长艺术生命，进一步拓展越剧演员的表演和艺术空间，适应新时代观众的审美需求和欣赏趣味，使越剧发声方法和演唱技巧不断向科学性发展并最终取得重大突破，形成高度成熟的越剧声乐艺术体系。

2.情感比较

越剧唱法韵味美的内涵，是唱字和唱情的结合，是剧中人物思想感情和艺术家艺术个性的高度结合，也是演员对感情、语言、语气、声音、行腔等种种表现手法和技巧的综合运用，归根到底就是一种达意表情的美。"声以字为根"，越剧声乐首先是表达语言的艺术——唱字；"腔以情为本"，艺术家必须深入体会曲情并能准确表现——唱情。这是越剧唱法两大基本的美学思想。越剧唱法的韵味美，也就是这两大基本美学思想的最高结晶和表现——语言的表现和曲情的传达，以及与之相适应的一整套的演唱技术和技巧——越剧唱法所创造的达意表情的境界。正确的感情把握和尽可能美的形式——咬字、行腔、用嗓的高度统一，创造出越剧声乐艺术的韵味之美，达成其最高美学目标。

越剧唱法是由字生情，而歌剧唱法则是由声生情，是美声之情。主要通过旋律对听众直接产生作用，把情感直接建立在旋律之上，以词就曲，所以无可挑剔的音准、优美的声音及高超的演唱技巧成为非常重要的因素。歌剧唱法以音色优美、发音自如、音与音的连接平滑匀净、花腔装饰乐句华丽灵活为基本要求，这也从另一角度说明其主要目标在于追求声音的美妙效果,其最主要的特点之一就是发出一个受到完全控制的精巧美好的音——自如的强弱变化结合着多样的色彩变化。

3.人才培养比较

越剧发展中的瓶颈,出在人才的选拔和培养上。无论是正规的越剧院校,还是以团带班的培训机构,均把长相作为首要条件,选择的学生多为美貌少女。她们虽然有扮演古代风流书生和苗条淑女的有利条件,但扮演其他身份的角色明显不足。即使扮演古代的青年男女,也很难突破雷同化的桎梏。

歌剧的人才选拔和培养有很大不同。首先,是招生方面。与中国音乐类、艺术类院校招生方式不同的是,国外高校较为重视老师的推荐信,将其作为快速、直观了解学生的重要方式。在此基础上,很多学校还会安排教师对考生上一节课,从而形成更加准确的判断。其次是教学方面。除了乐理、视唱练耳、声乐演唱等常规课程之外,国外高校多会聘请一些有着丰富经验的歌剧演员、导演进行授课,帮助学生了解歌剧业当下的发展形势、如何参加歌剧院面试等。此外,还会有专门的语言课程。这些课程的学习,对于学生今后的就业至关重要。再次是歌剧排演方面。国外高校的歌剧院系、音乐剧院系,每年都会排演四到五部歌剧。在具体的排演过程中,第一步是演员选择。采用双向选择的形式,学生提出自己的角色意愿,再由教师进行选择,一般一部歌剧会选择两组演员。第二步是角色学习。在明确了自己的角色之后,就要对角色排演进行准备,包含演唱、表演、台词等多个方面。学生经过一段时间的自学之后,由教师进行指导。第三步是歌剧排演。在角色学习任务完成之后,导演会统筹安排日程,各个部门陆续加入其中,包含舞美、服装设计等。

可以看出,在人才培养方面,歌剧有许多值得越剧学习的方面。

越剧是中华民族传统文化的重要载体,蕴含着劳动人民的智慧和结晶。大力弘扬越剧,推动优秀的中华文化历久弥新、不断发展壮大是我们义不容辞的责任。但是,不可否认越剧在发展的过程中面临着不少的瓶颈与挑战,它需要继续保持百年发展以来的姿态,像一块海绵一样吸收国内外其他戏曲、歌剧的精髓与优点,不断发展,不断创新,不断传承。

课后作业:

1.观看《百年越剧》,更全面了解越剧的发展历程。

2.越剧应该如何适应时代、融入时代、反映时代?

第五章　胆剑文化——自强与雪耻

　　绍兴,是一座魅力独特的城市,独特魅力的背后,则是绍兴人骨子里那股独特的精神。这股精神,可以追溯到 2500 多年前的越王勾践。春秋时期,越国伐吴兵败。沦为囚徒的勾践受尽屈辱,回国后常念报仇雪耻,卧薪尝胆,凝聚人心,激励斗志,发愤图强,经过"十年生聚,十年教训"的艰辛努力,终成兴越、灭吴、称霸之大业。2500 多年来,勾践的"胆剑精神",一直是激励越地后人图强奋进的精神支柱。从陆游的忧国忧民,秋瑾的侠肝义胆,到鲁迅的"横眉冷对千夫指,俯首甘为孺子牛",无不打着"胆剑精神"的深深烙印。亘古亘今,日新又新。以历史为镜、人文为魂,今天的绍兴,在触摸传统中延续根脉,在守正创新中书写时代,继承弘扬胆剑文化,奋力谱写新时代的"胆剑篇"。

　　越王勾践十年卧薪尝胆最终复国的故事大家都很了解,而在中世纪的欧洲,也发生过类似的事件:神圣罗马帝国皇帝亨利四世想要摆脱教皇的控制,于是有了著名的"卡诺莎之行"。它与卧薪尝胆的故事有哪些异同呢? 让我们通过学习比对,一起来领略中华传统文化卧薪尝胆、奋发图强、敢作敢为、创新创业的优秀精神品质。

一、卧薪尝胆:逆境与顺境

(一)勾践败阖闾:礼不可废、师出有名、悲而勇、杀而惧

　　公元前 496 年,越王允常死了,其子勾践继位,吴王阖闾不顾"国有新丧,不许兴兵"的礼制,攻打越国。

　　勾践知道自己新立,越国内部尚未安定,父王在位时,自己只知道荡舟驱车、吃喝玩乐,不问国家大事;如今父王已死,只有依靠大臣和将军们了。于是,他紧急召来众大臣和将军,商量对策。但是,众大臣和将军只是面面相觑,谁也不肯先说,勾践指名将军石买先说。石买没办法,只好说吴国国强兵盛,如今有备而来,越国倾国之兵怕

也不是吴国的对手。勾践又让大臣皋如说,皋如则谈起了越国的天气和近来的灾害。勾践气得站了起来,见众大臣和将军们想不出什么好办法,急得如热锅上的蚂蚁,生气地回了后宫。

这时,为了楚国要扶越抑吴的两个楚人也急得不得了,这两个楚人就是文种和范蠡。文种富有治国之才,足智多谋,更善于外交。范蠡长于军旅,其才与伍子胥在伯仲之间。两人本想一起到吴国效力,后闻知伍子胥已在吴国,于是跋涉千里来到越国,投奔越王允常。越王允常闻其贤,聘为客卿,要他们先熟悉越国习俗、语言,适应越国以船为车、以楫为马、以螺蚌为食、以蒿草为衣的环境后,为越国效力。两年多来,他俩或单独或结伴而行,把越国几乎走遍,社会、民情尽在胸中,正要向允常进献安邦之计时,允常却死了。那时他俩都不在都城,连允常的最后一面也没见上。

文种和范蠡很快就知道了吴王阖闾向越国下战表,要越向吴割地称臣,不然就踏平越国,而越国又是大臣及将军畏吴如虎、毫无良策的情况。他们认为,如果依了吴国,越国就会一蹶不振;而阖闾欲称霸天下,威震中原,必定欲先灭越以安后院,即使割地称臣也不会罢休。只有去面见新王,说服勾践坚决抵抗,才有生存的希望。于是当夜求见越王勾践。

起初,勾践认为范蠡是由文种带来并推荐给父王的,只是比他还小的一个顽童而已,对于范蠡"兵之要在于人,人之要在于谷;民众主安,谷多兵强"的所谓兵法也不以为然,颇有不屑一顾的味道。所以对于范蠡的求见迟疑再三,很不情愿地接见了他。

勾践耐心地听着范蠡的话,当听到范蠡"祸福相倚,强弱互转,天下大事,本无定数;战未必亡,和未必存,需因时因人而定"的话时,心头为之一动,自己认为的"我弱故强,战则必亡"的想法,看来不一定是对的;当听到范蠡说"继承先王遗志,拓土开疆"时,心头一热;当听到范蠡对吴国应"坚决迎战"的主张时,脸上又布满了愁云:"兵不足五千,又无精卒,如何迎击吴国大军!"

勾践问道:"我国新丧,民心不稳,如何迎敌?"范蠡说:"国家有丧,不许兴兵,吴废礼制,已失信义。越正可用此,唤起民心,同仇敌忾!"又说:"全国皆兵,吴国大军远道而来,不足惧矣!"勾践道:"吴军有子胥、孙武名将统率,军士如狼似虎,越国只有石买、诸稽郢(又称柘稽)领过兵,石买怯战,诸稽郢还在北疆。"范蠡说:"孙武与阖闾有嫌隙,伍子胥正在疏浚河道,二人都不在姑苏;阖闾倚重的伯嚭,不足为虑!""那阖闾老谋深算,身经百战,有备而来,如何挡之?""阖闾固然一世英武,然而没有伍子胥、孙武做臂膀,其势危矣。况且阖闾年过六十,垂垂老矣;而我大王,年青有为。两军对垒,勇者胜,以大王之武,何愁不胜?"

君臣一问一答的一番对话，在勾践心中产生了范蠡不同寻常、确非等闲之辈的感觉。勾践被范蠡的情绪感染，不由得地从座位上站起来："照这么说，吴国可敌？""可敌！可胜！只要大王下定决心！"范蠡坚定地说。一股英雄之气在勾践心里升起。

第二天，勾践封文种和范蠡为上大夫，决定二十日后亲自统帅，率领大夫范蠡，将军诸稽郢、灵姑浮、畴无余、胥犴、石买，北上迎敌，文种留守都城。

"北上伐齐伐晋，称霸天下"是吴国的既定战略，吴王阖闾为了安定后方，恨不得顷刻间就把越国灭掉。当得知越王允常病故，二十多岁的勾践新立之后，便不顾国丧不许兴兵的规矩，不听伍子胥的劝阻，调集了三万精兵，亲自统帅，向越国进发。他派出使者只不过是例行公事而已。

当吴军推进到吴越边境携李时，却遇到了严阵以待的越军，从服装和军械上可以看出，这些人多为农夫和渔夫。勾践先派敢死队发起冲击，吴军阵脚岿然不动。面对吴王阖闾的三万精兵，勾践如果不出奇兵是不可能战胜阖闾的。勾践采纳了范蠡"杀鸡吓猴"之计：用三百个死囚犯做"吓猴之鸡"，令他们走到吴军阵前集体割颈自杀，用鲜血和临死时的悲鸣造成恐怖气氛，使吴军胆小的害怕，胆大的无措，以致忘掉是在战场；在吴军犹豫慌乱之时，越军迅速进攻，击溃吴军。于是，勾践派三百个死囚至阵前，排成三行，一齐高呼着"今越吴两君治兵，臣等奸犯旗鼓之令，不敏于君之行前。不敢自逃刑戮，敢自归死于吴"，自杀于吴军阵前。越军趁吴军惊惶之际率军突击，吴军大败，吴王阖闾被越将灵姑浮箭伤脚趾。阖闾率军败退至距携李七里处的陉地，不久，因伤势过重不治而亡。越军亦罢兵，吴国称霸的势头暂被遏止。

（二）勾践侍夫差：忍辱负重，是否为英雄？

越国打败吴国以后，大大提高了越国在诸侯国中的声誉。齐国、晋国、楚国三国的君王纷纷派出使者到越国，欲与越国结盟。当时的形势对越国十分有利，但越王勾践却驱车、荡舟、打猎、观潮，把吴国要报仇雪恨的事暂时忘记了，连齐国、晋国、楚国三国的使者也无暇接见。而此时的吴国正秣马厉兵，以报携李之仇。

吴王夫差继位后，牢记他父亲阖闾在弥留之际告诫自己的"千万不能忘记越国"的话，发誓报越国杀父之仇。他安排宫中侍者十余人，每日轮流立于宫门，当自己上朝下朝路过时，就大声直呼其名而问："夫差，你忘记父仇了吗？"夫差即刻答曰："不敢忘！"以此天天提醒，警惕其心。夫差还令伍子胥、伯嚭等加紧训练水陆二军，自己也常去督练。

公元前494年，勾践听说吴国在夫差带领下昼夜操练军队，虎视眈眈，将报越国一箭之仇，随时可能大举进犯越国，因此焦急不安。勾践想：与其坐等吴人来打，莫如先发制人,趁吴国准备得不够充分,胜负之数也许未定。于是召集群臣,商议北上破吴。

大夫范蠡知道勾践心情急躁,对吴军的实力缺乏清醒的认识,贸然出击,难免要吃败仗,便分析敌我双方的形势,坦率地规劝道:这与檇李败吴不同——当时之事,越是被迫迎战,情势不同,此其一;吴失信义,趁越新丧用兵,民心不同,此其二;吴先王阖闾年老志柔,而吴王夫差因其父阖闾为我所伤而死,既耻辱又愤恨,三年来矢志复仇,秣马厉兵,同仇敌忾,其志愤,其力齐,兵精将勇,实力雄厚。我们出击硬拼,肯定不敌;明智的选择只能以逸待劳,坚固城防,等待时机再战;越地少人稀,绝不是强吴对手。

但檇李之战后变得好大喜功的勾践没有接受范蠡的建议,调动全国精兵,北上攻吴。吴王夫差接到越国出兵的消息,也出动全部精兵迎战。越军与吴军战于夫椒,结果,越军伤亡惨重,遭到毁灭性的沉重打击,越将灵姑浮、胥犴等战死。勾践收拢败兵,仅剩五千残兵,在范蠡的建议下急速退守会稽山,以山凭险固守。吴军乘胜追击,占领越都,团团围住会稽山。勾践身陷绝境,眼望败兵残甲,亡国之忧,萦绕于怀。

一个多月过去了,吴军的困山战术发挥作用,越军实在撑不下去了。勾践无奈之下,只能听从范蠡的建议,派大夫文种去向吴国求和,称勾践愿意亲自去侍奉夫差。夫差想听取文种的建议,与越国和好,但被伍子胥劝谏阻止了,说吴和越生存方式不同,有吴无越。文种并没有放弃,他知道吴国的太宰伯嚭向来同伍子胥面和心不和,生怕伍子胥功劳太大会超过自己,且为人贪婪,于是暗中拉拢伯嚭,送他金钱、美女。伯嚭欣然接受,在夫差面前替勾践美言。最终,夫差急于北上同齐争霸,认为越国既已投降便名存实亡,不足为患,不听伍子胥的谏言,与越国订立盟约后就撤兵了。

越国经夫椒一战,元气大伤。吴王虽然赦免了越王,但勾践必须入质吴国。勾践将国内事情托付给文种等大臣,与众臣民告别,带着夫人和范蠡及三百个士卒去吴国给夫差当奴仆。勾践抵达吴都,夫差有意羞辱他,要他住在一个小石屋里,石屋位于王宫后院马厩与阖闾陵墓之间。夫差派给勾践的工作是守坟喂马,勾践君臣白天被武士押着去打扫马厩、铡草喂马和擦洗车辆,有时夫差骑马出门,还故意要勾践牵马在国人面前走过。

勾践忍辱负重,小心伺候夫差,百依百顺胜过夫差手下的仆役。夫差生病,勾践前去问候,还掀开马桶盖观察夫差刚拉的大便,并亲尝夫差的粪便,体贴夫差的病情,达到了连夫差最亲近的人都做不到的程度。这使夫差坚信勾践对自己的忠心,从而失去对勾践的戒心。

勾践在吴国待了三年,由于勾践尽心服侍,再加伯嚭不时接受文种派人所送之礼而在夫差面前为勾践说好话,夫差认为勾践已真心臣服,终于放勾践夫妇和范蠡回国。

(三)卧薪尝胆:十年生聚,十年教训

勾践回到越国后,发愤图强,立志报仇雪耻。他为了不忘记耻辱、激励自己的斗志,唯恐眼前的安逸消磨了志气,在吃饭的地方挂上一个苦胆,每逢吃饭的时候,就先尝一尝苦味,还问自己:"你忘了会稽的耻辱吗?"他还把席子撤去,用柴草当作褥子。这就是后来人们传颂的"卧薪尝胆"。

勾践深思熟虑,苦心经营。他亲身耕作,夫人亲手织布,吃饭从未有荤菜,从不穿华丽的衣服。对贤人彬彬有礼,招待宾客热情诚恳,能救济穷人,悼念死者,与百姓共同劳作。

与强大的吴国相比,越国实在太弱小了。勾践在范蠡、文种、舌庸、诸稽郢等一班大臣的辅佐下,根据越国的情况,逐渐酝酿成熟了"十年生聚,十年教训"的灭吴大战略。

勾践接受范蠡提出的生育令,以增加越国的人口,下令:青壮年不准娶老年妇人,老年不能娶青壮年的妻子;女孩子 17 岁还不出嫁,她的父母有罪;男子 20 岁还不娶妻生子,他的父母同样有罪。快要分娩的人要报告,公家派医生守护。生下男孩,公家奖励两壶酒、一条狗;生下女孩,公家奖励两壶酒、一头猪;生双胞胎,公家发给吃的;生三胞胎,公家给配一名乳母。

与此同时,实行范蠡提出的、与生育令珠联璧合的免谷税令。范蠡认为:"国家年饥,入不敷出。然,只有免去谷税,百姓才会踊跃种谷,异邦之民才会趋至。百姓足,君亦足。有谷,才有人。有谷,才养人。增丁强兵,只有谷多才行。国家四主:人、谷、财、士,缺一不可。然,无谷则无人,无财,无士。谷能活人,亦能杀人。若税赋重,百姓弃田,流落异邦,何处去收税?恳请大王和生育令一起颁布免谷税令,使百姓安居乐业,人丁兴旺,吴国可图也。"范蠡还提出裁兵减员,留下精兵,自耕自足。至于宫廷、兵营费用及朝臣俸禄可从商人的税收中取得。

勾践连续十年实行休养生息,整顿内政,努力生产,安邦定国,发展越国综合国力的政策,使越国社会空前安定,人口增多,百姓都存有三年的粮食,国力也渐渐强盛起来。

终于,公元前 473 年,越国打败吴国,攻进吴都。夫差率众突围逃到姑苏台上,旋即被越军围困,跟他当年在会稽山围困勾践一样。夫差没办法,想要仿效勾践当年,派人求和,但勾践和范蠡吸取教训,都没同意。夫差后悔自己没听伍子胥之言,拔剑自刎。

吴国：胜而骄横

夫差（约前 528 年—前 473 年），姬姓，吴氏，春秋时期吴国末代国君，阖闾之子，前 495 年—前 473 年在位。前 494 年于夫椒之战大败越国，攻破越都（今浙江绍兴），使越屈服。此后，又于艾陵之战打败齐国，全歼十万齐军。前 482 年，于黄池之会与中原诸侯歃血为盟。夫差执政时期，吴国极其好战，连年兴师动众，造成国力空虚。勾践不忘会稽之耻，越国国力逐渐恢复。趁夫差举全国之力赴黄池之会时，越军乘虚而入，并杀死吴太子。夫差与晋争霸成功，夺得霸主地位后匆匆赶回。前 473 年，越再次兴兵，终灭吴国，夫差自刎，时年 55 岁。

越国：败而不馁

越王勾践回到国内就开始卧薪尝胆，采取了一系列复国建设措施：一是勾践亲自慰问战伤的兵将，走村入户访贫问苦。二是鼓励生育，发展生产。宣布男女适龄婚嫁，壮年男子不得娶老年妇女，老年男子不得娶年轻女子。三是招贤纳才，唯才是用。四是加强军队建设，暗地铸造武器，日夜操练。对外方面。其一，勾践谎称越国闹饥荒，向吴国疯狂借粮食，第二年又把粮食煮熟了偿还，让吴国用作种子后颗粒无收。其二，勾践亲率君臣到吴国朝贺，最终怂恿夫差北上争霸。其三，隔三差五地送吴王美女、珍玩，让其玩物丧志，并从越国伐取大木运到吴国姑苏，帮吴王修建形象工程姑苏台，消耗吴国国力。最终此消彼长之下，越国成功灭了吴国。

二、"胆剑精神":不屈与奋进

(一)"胆剑精神"的传说

相传,在 2500 多年前,越王允常、勾践父子为北抗强吴,要求最具盛名的铸剑大师欧冶子铸剑。于是,欧冶子按五方之位,采五精之气,在日铸岭下、若耶溪旁和附近的赤堇山上,分别架起上灶、中灶、下灶,就地取材办起巨大的冶炼工场。其中,上灶专为越王铸剑,中灶专为将军铸剑,下灶专为士兵铸剑,历史上的上灶、中灶、下灶三村,以及后来由上灶、中灶合并的剑灶村皆源于此。欧冶子不负王命,终于在上灶铸就了名扬千秋、冠绝华夏的湛卢、巨阙、纯钧、胜邪、鱼肠五把宝剑。越王勾践继位后,率子民卧薪尝胆,发愤图强,"十年生聚,十年教训",终于击败强吴,成就霸业。以此为起点,以"硬骨头"精神和"韧的战斗"精神为内涵的"胆剑精神"在绍兴生生不息,代代相传。

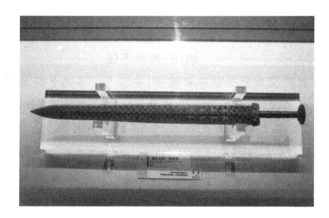

(二)"胆剑精神"的阐释

"胆剑精神"的"胆",指的是越王勾践"卧薪尝胆"的"胆",代表一种吃得苦中苦的战斗精神,引申为艰苦创业、励精图治的胆识。正像古联中所说的:"有志者,事竟成,破釜沉舟,百二秦关终属楚;苦心人,天不负,卧薪尝胆,三千越甲可吞吴。""胆剑精神"的"剑",本义是指越王宝剑。越国产好剑,越人善用剑,剑是越国开疆拓土的实力象征,引申为披荆斩棘、勇往直前,蕴含着绍兴人强悍豪爽、攻坚克难的"刚性"。"胆剑精神"属于绍兴的地域精神,是绍兴的"根"和"魂",是推动绍兴发展进步的精神支柱。从本质上看,"胆剑精神"就是要发愤图强,自立自强,攻坚克难,全力以赴,战胜困难,战胜对手,争取胜利。在这个意义上,"胆剑精神"就是一种争先精神。

(三)新时代"胆剑精神"的价值

2004年8月24日,时任浙江省委书记的习近平同志在绍兴调研时指出,绍兴"要大力弘扬卧薪尝胆、奋发图强、敢作敢为、创新创业的'胆剑精神'"①。"胆剑精神"既包含"卧薪尝胆、奋发图强"的历史文化内涵,更彰显"敢作敢为、创业创新"的现代文明要义。这种现代文明要义既体现在打破陈规、开拓未知领域方面,更彰显在汲取历史文化精髓、指导与激励现代人积极进取与奋发有为方面。

以卧薪尝胆、奋发图强、敢作敢为、创新创业为基本内涵的"胆剑精神",是对绍兴历史文化精髓要素的凝练和升华,是绍兴人文精神谱系中最出彩的"精神名片"。当前,大力弘扬"胆剑精神"是激发绍兴人民的意志力量,建设高水平网络大城市,打造新时代共同富裕地的精神动能。从价值维度看,"胆剑精神"的新时代价值主要体现在五个方面。

第一,"胆剑精神"蕴含着志存高远的梦想力,与新时代的理想信念观相契合。"有梦想,就有力量",梦想是社会进步的原动力。回望历史,凡是成大业者都是心中有梦想、有信仰的。在绍兴,这个梦想力突出体现在"复兴""图强"上。无论是越王勾践"兴越灭吴",还是"辛亥三杰"(徐锡麟、秋瑾、陶成章)志在共和,都得益于梦想力的赋能和驱动。党的十八大以来,习近平总书记提出要实现中华民族伟大复兴的中国梦,描绘了国家富强、民族复兴、人民幸福的美好前景,释放出了强大的号召力和感染力。当前,我们要从"胆剑精神"中汲取"复兴""图强"的理想信念力量,坚定对马克思主义的信仰、对中国特色社会主义的信念、对实现中华民族伟大复兴中国梦的信心。以此为引领,激发"胆剑精神"的时代活力,增强忠实践行"八八战略"、奋力打造"重要窗口"的自觉性,更加坚定实现"五个率先"的信心和决心。

第二,"胆剑精神"蕴含着坚韧不拔的意志力,与新时代的幸福奋斗观相契合。"卧薪尝胆"内蕴韬光养晦的谋略和百折不挠的意志。面对国破家亡的境地,越王勾践不气馁、不冒进,自强不息、发愤图强,"十年生聚,十年教训",终于实现"越甲吞吴"的夙愿。改革开放以来,勤劳智慧的绍兴人依靠锲而不舍、愈挫愈勇的韧劲,完成了一次又一次弯道超越,创造了一个又一个发展的奇迹。习近平总书记说:"幸福都是奋斗出来的。"②奋斗不仅体现着披荆斩棘的拼劲,也意味着坚韧不拔的韧劲。"胆剑

---

① 庆祝建党百年 弘扬胆剑精神。https://www.zjsjw.gov.cn/zhuantizhuanlan/shipindongman/weishipin1/202107/t20210707_4345964.shtml? eqid=b305ab640006f758000000046433db00。

② 国家主席习近平发表二〇一八年新年贺词。《人民日报》,2018年01月01日01版。

精神"是一种刚柔相济的城市精神,是伟大奋斗精神的"绍兴版本",与新时代的幸福观高度契合。弘扬"胆剑精神",既要保持昂扬向上、刚健有为的进取姿态,也要坚守因时而变、随事而制的智慧品格。

第三,"胆剑精神"蕴含着敢创大业的感召力,与新时代的创业价值观相契合。"敢作敢为",首先要敢创大业。东汉永和年间,为了消除旱涝灾害,会稽太守马臻将"创业"的着力点放在兴修水利、改善民生上。他以千秋大业为重,发动民众在山会平原南部筑堤蓄水,修筑了相当于30个西湖大小的鉴湖,使之成为越地人民的"母亲湖"。改革开放初期,绍兴的农民企业家们凭着"敢"字当先创大业的豪情和勇气,发扬"四千精神",敢创敢冒、敢为人先,创造了无数辉煌。这种"敢作敢为"的创业精神,与国家倡导的"大众创业、万众创新"政策高度契合。推进"大众创业、万众创新",需要构筑家庭、学校、企业和政府等多种主体协同运作的创业生态系统,其着力点是要强化各类市场主体的创业价值观,引导他们"敢"字当头创新业,从而带动全社会的创业激情更加迸发。

第四,"胆剑精神"蕴含着革故鼎新的进取力,与新时代的守正创新观相契合。稽山鉴水哺育了崇智尚学的绍兴儿女。"敏于学、善于思、巧智取"的绍兴人,历来引领着革故鼎新的时代先声。王阳明"矫正旧风气,开出新风气",突破程朱理学的藩篱,创立阳明心学;徐渭一改因袭模拟之旧习,开创"不求形似求神似"的大写意"青藤画派";黄宗羲敢于冲破"重农抑商"枷锁,大胆提出"工商皆本"思想……他们都彰显了"胆剑精神"中"创新"的基因传承。改革开放以来,绍兴人敢于挣脱"姓资姓社"的思想羁绊,乐于创新、善于创新、精于创新。特色鲜明的专业市场、块状经济、全国瞩目的"腾笼换鸟、凤凰涅槃"等转型升级"组合拳",以及名闻遐迩的驻村指导员、民情日记、社区党建"契约化"共建这三张"金名片"等,都是绍兴人民锐意创新的结晶。这些创新的人文基因和智慧实践,与当今时代倡导的守正创新观高度契合。守正创新是弘扬"胆剑精神"的题中应有之义,无论是干事创业还是为人处世,都要在恪守正道、胸怀正气的前提下,勇于开拓、善于创造,不断推陈出新。

第五,"胆剑精神"蕴含着忧国恤民的亲和力,与新时代的执政宗旨观相契合。回望"胆剑精神"历史文脉的迭代演进轨迹,不难发现,有一条红线始终贯穿其中,那就是民生情怀。以治水为例,从远古大禹治水,到东汉马臻筑湖,从西晋贺循开凿运河,到明代汤绍恩修建三江闸,再到清代俞卿修建越中海塘……一部绍兴发展史,其实也是一部忧国恤民、为民治水的历史。显然,这种融化在"胆剑精神"中的以民为本情怀,与以习近平同志为核心的党中央始终强调的"以人民为中心"的宗旨观高度契合。党的十八大以来,在习近平总书记的历次讲话中,"人民"都是最突出的关键词。他反复强调："人民对美好生活的向往，就是我们的奋斗目标。"①在当今时代，大力弘扬"胆剑精神"，最根本的就是要深怀爱民之心、恪守为民之责、善谋富民之策、多办利民之事，以求真务实的惠民之举，不断增进人民群众的福祉。

总之，作为绍兴城市人文精神的内核，"胆剑精神"既是绍兴人民对昨天的总结与传承，也是对今天的鞭策，更是对明天的引领。时代不负奋进者，岁月不枉追梦人。只有大力弘扬和践行新时代"胆剑精神"，并将其内化于心、外化于行、踔厉奋发、勇毅前行，才能汇聚起推进社会主义现代化强市建设、奋力向第二个百年奋斗目标进军的"率先之势"，始终以领跑者的姿态奋进新时代、担当新使命，不断把人民群众热切期盼的美好愿景变为鲜活生动的现实图景。

"习书记指导绍兴谱写新时期的'胆剑篇'"——习近平在浙江（十一）

采访对象：王永昌，1953年1月生，浙江金华人。2002年3月，任绍兴市委副书记、市长。2004年5月，任绍兴市委书记。后历任浙江省政协副主席、省人大常委会副主任。2016年4月退休。

采访组：田玉珏　薛伟江　路　也

采访日期：2017年9月17日

采访地点：杭州市大华饭店

采访组：王主任您好！习近平同志在浙江工作期间，您曾先后担任绍兴市市长和市委书记。请您首先讲讲当时他对绍兴的评价是怎样的？

王永昌：绍兴是一座历史文化名城，习书记对绍兴发展方向的指导，在我的印象中，也是从文化开始谈起的。2003年1月20日省"两会"期间，习书记出席绍兴代表团的讨论会。他讲道："绍兴有很多典故值得我们借鉴和学习。今天，我们弘扬越王勾践卧薪尝胆、'十年生聚，十年教训'的精神，就是要围绕全面建设小康社会、提前基本实现现代化的目标，卧薪尝胆，艰苦奋斗，努力谱写新时期的'胆剑篇'。绍兴这块土地曾经在历史上创造了辉煌，相信将来能够创造更大的辉煌。"这篇讲话虽然不长，但给在场的干部和代表们留下了极为深刻的印象，大家都觉得习书记一定看过很多书，具有很高的人文素养。绍兴从新石器时代中期的小黄山文化开始，至今已有约9000年历史。即便从公元前490年越国定都算起，绍兴也有2500年的建城史，在浙江乃至全国都是历史最为悠久的城市之一。吴王夫差和越王勾践的故事大家都耳熟能详，习书记用短短十来分钟的讲话，将绍兴历史的精华概括为"胆剑精神"，是很了不起的。那时，我就感到，习书记很善于挖掘地区的历史文化价值，重视把绍兴当地的历史文化继承并发扬

①　习近平：必须坚持人民至上。《人民日报》，2024年04月01日01版。

光大，让传统文化为新时期的发展服务。

后来，习书记又多次阐述"胆剑精神"。在 2003 年 7 月 16 日召开的绍兴市新一届市政府第一次全体会议上，我根据习书记在年初省"两会"讲话的内容，作了以"发扬胆剑精神，谱写新时期的胆剑篇"为主题的讲话。习书记在这篇讲话稿上批示："希望你带领绍兴市政府一班人，按照胡锦涛总书记'七一'重要讲话精神，认真践行'三个代表'重要思想，结合绍兴实际，与时俱进、开拓创新，扎实工作、勤政为民，谱写好新时期的'胆剑篇'。"2004 年 8 月 24 日，习书记听取绍兴市委、市政府工作汇报后，再次强调在新时期弘扬"胆剑精神"的重要性。他指出："要进一步把广大基层干部加快发展的积极性引导好、保护好、发挥好。要大力弘扬'胆剑精神'。过去有一部历史剧《胆剑篇》，专门描写越王勾践卧薪尝胆、奋发有为，这种精神很好。越王勾践生于绍兴，绍兴更要发扬'胆剑精神'。绍兴正是因为弘扬了这一精神，才从一个农业小城发展成为今天这样的工业新兴城市、全面发展的城市。要继续发扬这种精神，使之成为加快发展的不竭动力。"

习书记的这些指示给我们极大的鼓舞。2004 年我担任市委书记后，就在全市范围内开展了"胆剑精神"大讨论，主要讨论新时期"胆剑精神"的具体内涵，以及如何结合工作将"胆剑精神"落到实处。通过大讨论，既传承了绍兴悠久的文脉，又给绍兴的历史文化赋予新的精神特质，同时激发了干部群众克服困难的勇气，为绍兴的发展注入了强大精神动力。

采访组：当时绍兴在经济发展方面遇到了哪些问题？在"胆剑精神"指引下，你们是如何贯彻落实"八八战略"，实现转型发展的？

王永昌：习书记刚到浙江工作的时候，全国正处于经济发展过热的时期，土地、煤炭、电力等生产要素供应紧张，2004 年，国家进行了宏观调控。在这样的大背景下，绍兴乃至浙江的发展速度开始下降。我们都很担心，经济降下来，会不会降得太多？以后还能不能回升？如何实现可持续发展？这成了摆在我们面前的一大难题。

在这个时候，习书记对绍兴再次强调要发扬"胆剑精神"的要求。我理解，他就是希望绍兴将历史与现实相结合，把这种精神作为落实科学发展观和"八八战略"，推动绍兴率先发展、富民强市的强大动力，就是要求我们既要卧薪尝胆、奋发图强，还要敢作敢为、创新创业，把绍兴人精明务实的性格与大气开放的气度结合起来，谱写新时期的"胆剑篇"。

习书记把当时的经济发展局势看得非常透彻、全面。他认为，过去那种缺地了批地、缺煤了找煤、缺电了发电的做法，只是解决表面一时的矛盾，是"头痛医头、脚痛医脚"。现在中央的宏观调控和经济速度的下降既是挑战，也是机遇。

浙江可以借这个机会,淘汰落后产能,重点扶持一些新兴产业,变被动为主动,化消极为积极,以此倒逼浙江产业转型升级。习书记通过到各地市深入调查研究,在 2003 年 7 月召开的省委第十一届四次全体(扩大)会议上,全面系统总结了浙江发展的八个优势、提出了面向未来发展的八项举措,简称"八八战略"。这个战略从浙江工作全局的角度,聚焦如何发挥优势、如何补齐短板,为解决发展中产生的问题、保持经济快速协调健康发展指明了方向。

在推进"八八战略"实施过程中,习书记还针对各地实际情况制定不同的具体发展策略。2006 年 1 月 18 日,习书记在与参加省十届人大四次会议的绍兴代表团代表交流时,对绍兴作出这样的评价:"绍兴的工作是很不错的,省委是满意的。绍兴在全省处在一个很醒目、很招眼的位置。我们讲综合实力排名,是杭、宁、温、绍,绍兴在全省的位次,跟浙江省在全国的位次差不多,是第 4 位。绍兴处于这个位次确实是不容易的。我经常讲,来浙江工作之前,对绍兴的印象就是,绍兴是一个历史文化名城。一提到绍兴,就想起江南水乡,想起乌篷船、黑毡帽,想起鲁迅,想起闰土,想起茴香豆、孔乙己。到了浙江,一些去过绍兴的人跟我说,绍兴是一个新兴工业城市,是一个民营经济实力雄厚的城市,经济特色非常鲜明。来了以后,感觉确实如此。绍兴我来得不少,去年就来过 5 次,累计 24 次,方方面面都看了。总的体会是,绍兴很不错,经济社会发展比较协调,形成了自身发展优势,是浙江引以为豪的地方。现在,绍兴提出要'率先发展、统筹发展、和谐发展',这是一个目标。"

要实现"率先发展、统筹发展、和谐发展"的目标,首先要了解自身的优势和短板,思考怎样取长补短。绍兴当年化工业、纺织业比较发达,有好几家龙头上市企业,但从全国范围来看,绍兴的化工纺织技术并不是最先进的,产品竞争力较弱。针对这种情况,习书记在多次调研后指出,绍兴的工业虽然比较发达,但地理空间有限,且紧邻杭州、宁波,要从绍兴的实际出发,因地制宜发展规模工业。他认为,大型化工和纺织企业较多是绍兴的发展优势,要进一步保持这个优势。企业有做大做强的意愿是好事,政府应当积极培育支持,但企业也不是越大越好,不应当一味追求航空母舰式的企业。现在这些企业遇上了"成长的烦恼",就会有一个"腾笼换鸟、凤凰涅槃"的过程。一方面,企业要靠自身的努力升级,创造更多发展机会,推动现有企业转型升级;另一方面,要"跳出浙江发展浙江",顺应工业的空间梯度转移规律,引导一些不再适应绍兴经济发展的产业往内地转移,同时扶持其他新兴产业的发展,而不是"一条路走到黑"。

省委作出"八八战略"决策后,绍兴市委及时传达、学习和贯彻。2004 年 7 月下旬,我们举办了专题读书会,深刻领会"八八战略"的内涵、实质和重大意义。7

月底,市委又召开五届三次全会,就贯彻落实"八八战略"作出全面部署。根据习书记的要求,我们还成立了工作小组,对国家宏观调控政策进行全面梳理,并在全市范围内召开了企业大会,与上千家企业一起,共同商讨如何在习书记"八八战略"指引下落实宏观调控,加快转型升级,推动科学发展。后来,我们将习书记的"八八战略"以及他针对绍兴实际情况作出的战略部署进一步细化,出台了一系列政策,采取了很多措施。比如,我们提倡当地企业与其他省市的龙头企业进行配套整合,不再单纯追求企业的大而全,而是因地制宜办企业;我们鼓励企业进行创新,在推动科技创新、打造科技型企业的同时,基于原有技术和设备开发新产品,进行产品创新、品牌提升;我们还改变了衡量经济发展的指标,不再以总的产量来论英雄,而是以实际产出的效率来衡量地区发展,而且鼓励和扶持高科技企业。最重要的一点,是我们开始有意识地培养企业家队伍。发展最后还是要靠人,我们组织绍兴的干部和企业家一同赴长三角、珠三角各地区学习考察,集中学习和落实习书记提出的方针政策,邀请企业家列席旁听一些与当地经济发展相关的会议,通过把绍兴企业家的思想统一到习书记的"八八战略"上,扭转了人们心中固有的落后观念,取得了很好的效果。

在2004年8月的一次调研中,习书记高度肯定了绍兴在贯彻实施"八八战略"上作出的努力,并对我们提出了新的要求:"希望你们一气呵成,步步为营地抓下去,因为落实科学发展观、贯彻'八八战略'不是一天两天的事,也不是一年两年的事,是今后方向性的、长期性的任务,必须不断夯实基础,不断深化发展。"

采访组:您刚才提到"腾笼换鸟、凤凰涅槃",就您了解,习近平同志当时有哪些精彩论述?

王永昌:2006年1月18日,习书记参加省十届人大四次会议绍兴代表团讨论时的一番话给我留下深刻印象。他指出:"经济增长方式的转变,决定着今后经济发展的走向,我们现在正处于这样一个关键时期、重要时期,所以要有紧迫感。不是说这个事'逼'过来了,我们才这么做。但是,确实'逼'过来了,我们就要采取'倒逼'机制,不能由于逼过来了,就把我们逼垮了、压垮了。即使有阵痛,也不能有骄、娇二气,不能怨天尤人,只能顺应这个形势。你跟规律去斗,是斗不过的。有的人斗不过规律,于是就怕,临阵脱逃,这也是不对的。应该学会适应,学会掌握规律。无论生物进化,还是人类历史的发展,都是一个不断顺应规律的过程。人类进化到这个程度,人长成这个样子,都是适应的结果。"

习书记对我们讲,什么事都有辩证关系,如果因为资源条件受到约束,就索性"鸟去笼空",是不可取的。应该摒弃这种消极态度,主动借机"腾笼换鸟",运用倒逼机制,养出吃得少、下蛋多、飞得高的"鸟",才是大好事。他说,像中国这样大的一个国家,资源、能源都消耗不起,不能走资源能源消耗型、经济附属依赖型的发展道路,只能靠自己。靠自己,就必须有自主创新能力,必须有自力更生精神。所以,他提倡我们浙江不但要加快推进"腾笼换鸟",而且还要实现"凤凰涅槃"。"凤凰涅槃"是一个创新的过程,是一种浴火重生,是一种脱胎换骨。"腾笼换鸟、凤凰涅槃"都是一个调整结构、转变增长方式的过程。当然,"凤凰涅槃"更侧重创新。

习书记用"腾笼换鸟、凤凰涅槃"八个字形象地说明了"转方式、调结构"的重大意义和方向路径。他的这些思路和理念,有力地推动了浙江经济爬坡过坎,在实践中取得了成功。

采访组:绍兴在落实"八八战略"、推动经济转型升级过程中,遇到过哪些突出问题? 习近平同志提出了哪些解决问题的思路和举措?

王永昌:在贯彻实施"八八战略"过程中,我们和其他兄弟地市一样,也遇到了很多发展中的问题。其中,接待基层群众上访一直是老大难问题。有一次,我跟随习书记一起陪同一位中央领导同志到绍兴枫桥考察。在去往枫桥的路上,突然有一个上访群众挡住了去路。领导调研的路上出现这种情况,我们市委感觉压力很大,脸上也无光。没想到习书记很体谅我们,说:"发展中总会遇到这样那样的矛盾,群众在领导考察期间上访,出现这种情况也是难免的。关键是要做好工作,弄清楚情况,把工作做得更实。"

在化解基层矛盾、构建和谐社会上,习书记不仅提出要求,而且实实在在地将各项工作落在实处。2004 年,习书记提出建设"平安浙江"的重大战略构想。我们绍兴结合自身特色,将推广"枫桥经验"作为构建"平安浙江"的一个抓手。所谓"枫桥经验",就是在 20 世纪 60 年代初,由绍兴诸暨市枫桥镇干部群众创造的"发动和依靠群众,小事不出村,大事不出镇,矛盾不上交,就地化解"的基层治理经验。随着改革开放不断推进,生产要素和人口流动性增大,人口素质提高,群众法律意识增强,有些干群矛盾比过去更加突出,社会矛盾也出现一些新特点。针对这些情况,习书记带领我们转变理念和思路,赋予"枫桥经验"新的时代内涵。他一再向我们强调:"要始终把握住'枫桥经验'的核心,就在于努力减少矛盾,矛盾产生了以后要及时化解,无论'枫桥经验'的形式和具体内容随着时代怎么改变,这种服务群众的宗旨永远不能变。"

绍兴在转型升级过程中遇到的另一个问题就是如何处理经济发展与环境治理的矛盾,新昌当年发生的一起群体性事件就是典型。群体性事件发生后,中央领导很快作出批示,绍兴的干部深感内疚,一方面拎着"乌纱帽"如履薄冰地工作,另一方面也觉得,如果事态进一步扩大,不利于地方经济发展,对不起人民,更对不起习书记对我们的信任，大家压力都很大。

针对全省出现的几次环境事件，习书记体现出超强的运筹帷幄、统揽全局的能力。他有针对性地专门召开了省委常委会，在会上详细观看了相关录像，并听取汇报。他说，应该站在整个社会发展进程和工业化进程的全局视角来看待环保事件。浙江因为工业化发展较快，发生这类事情，也是因为过去几十年环境恶化积累的结果，有它的必然性。但同时，如果我们工作做得到位，就可以减少类似事件的发生。接着，习书记详细阐述了接下来应该怎么做，并一再强调，要秉承"一切为了老百姓"的原则来处理环保事件。

在当时那种情况下，习书记的这番话，让我们放下了思想包袱，明确了接下来的工作目标和工作方法，一下子有了"主心骨"。当天晚上，绍兴市委连夜召开常委扩大会议，会议只有一项议题，就是学习习书记的讲话，把大家的认识统一到讲话精神上来。

紧接着，我们一鼓作气，采取多种措施来控制局面。首先是抓思想，用习书记讲话精神统一整个新昌和嵊州基层干部的思想；其次是组织工作队伍，深入企业、群众，挨家挨户地做工作；再次是关停企业生产环节中产生污染的部分，造成的损失由政府和企业共同承担；然后是组织企业和周边的村民缔结友好关系，村民对企业生产进行监督，企业自觉接受监督，还资助村民定期进行免费体检；同时，对新昌开展全面治理，对企业排污状况进行全面排查整顿。一套"组合拳"下来，我们在习书记确定的基调下，化被动为主动，妥善处理了群体性事件。

这起群体性事件接近尾声的时候，我向习书记作了报告，并希望他抽空来视察一下。习书记并没有很快答应下来，他先让省委办公厅绍兴籍的工作人员趁假期回家探亲的机会深入基层了解情况，当得知确实如我汇报的那样，不仅把问题处理得很好，而且矛盾双方还缔结了友好关系，他才欣然前往视察，对我们的工作给予了表扬肯定，并提出了新的要求。通过这次群体性事件，我们对习书记更加钦佩了，他总是站在历史进程的角度来看待问题，当全国上下都关注经济发展的时候，他看到的是生态环境建设的必要性和紧迫性，提出"生态浙江"的发展理念；在突发事件的危急关头，他能沉着处置，替大家卸下包袱，自己担起责任，带领干部群众坚定向前。这一切的根源，就在于他所做的一切都是为了百姓，他的心中时时刻刻想着人民。

采访组：请您再详细介绍一下，习近平同志是怎样挖掘绍兴历史文化价值、发挥历史文化优势的？

王永昌：前面我讲到了，第一次见到习书记，就感觉到他很善于挖掘地区的历史文化价值，后来的工作也证实了这一点。2005 年 5 月 17 日，他率领省委分管文化建设的有关领导和省直厅局领导，专程来绍兴调研文化工作。考察途中，他对我们说："在浙江省的这些城市中，绍兴建城最早，历史名人最多，毛主席就曾讲绍兴是'鉴湖越台名士乡'。绍兴历史文化积淀十分深厚，可以说，绍兴是浙江的'罗马'。"听到习书记对绍兴的这一评价，我感到很震撼，看似简单的一个概括，不仅进一步廓清了绍兴的历史定位，也饱含着他对绍兴未来的期待。

从那以后，绍兴就一直沿着习书记指出的道路，努力挖掘本地的历史文化名人和历史文化故事，让绍兴成为浙江的"罗马"。大禹的故事就是比较典型的一个例子。大禹治水是中国古代的神话传说故事，传说大禹死后安葬于会稽山上，也就是今天的绍兴。我国历史上水患频发，从夏启开始，历代帝王都会亲自或派大臣祭祀大禹。改革开放以来，我们虽然也定期开展祭拜大禹的活动，但因为中央和省里强调要减少节会，所以只是一年小祭，五年中祭，十年大祭。2005年5月那次考察，习书记了解到这个情况，就很坚定地说："大禹文化是中国优秀传统文化的重要组成部分，大禹故事家喻户晓，大禹精神是要世代传承弘扬的。有的地方没有什么历史话题，都在拼命翻历史做文章，而你们绍兴是有深厚历史文化底蕴的，你们要年年祭大禹，要办好这个祭祀活动。"他还说："祭大禹不只是一省一市的事，它本身就是国家层面的，起点高、影响大、意义深。我们要继承中华民族的传统文化精神，要祭拜大禹这种科学治水的精神，祭拜他三过家门而不入的家国情怀，发挥好大禹精神的现代意义。"听了习书记的这一指示，我们如梦方醒，也感到更有底气了。现在我们年年都举办祭拜大禹的活动，在弘扬中华民族优秀历史文化方面发挥了很大的作用。

习书记在挖掘绍兴历史文化价值方面，不仅仅是指明方向、解放思想，还将文化建设融入干部队伍建设的方方面面。还是在2005年5月这次考察中，习书记在路上问我会不会背诵《兰亭集序》。我如实汇报，《兰亭集序》的创作背景和基本内容大致是了解的，开头几句基本能背，但全文背不下来。于是，他就让我能背几句就背几句。我背了几句，还是有差错。当时我觉得挺尴尬的，但习书记很平易近人，主动为我解了围。接着，他语重心长地对我们说："一方水土养一方人，今天的发展是过去历史的延续。作为一地的党政领导，一定要了解当地的历史沿革、历史文化、历史人物和传统经典名篇，有些还要下功夫背诵，把这些作为当地的文化名片。绍兴历史文化深厚，历史名人荟萃，是我们今天发展十分宝贵的资源。"他还特别指出，《兰亭集序》《钗头凤》这两篇作品的写作地点就在绍兴，要求我们把这两篇作品能背下来。从那天开始，我把《兰亭集序》和《钗头凤》打印了好几份，分别放在办公桌、床头和公文包里，一有空就拿出来背上几句，最终背了下来。

2015年5月,习书记担任总书记后第一次回浙江视察。5月27日,在听取浙江省委、省政府工作汇报后,习近平总书记发表了重要讲话。在讲到培育社会主义核心价值观和文化建设时,他突然指着我说:"永昌同志,我当年要求你们绍兴党政领导要会背王羲之的《兰亭集序》和陆游的《钗头凤》,你们都会背了吧?"我听了赶忙站起来报告:"总书记,按照您的要求,我们都下功夫背下来了。"他笑着点了点头。这件事情给我的印象非常深,没想到十年前的事情他还记得。我想除了他记忆力好之外,更重要的是,习书记一直都记挂着绍兴的发展。也说明在他心中,领导干部一定要了解当地历史文化的思想是一以贯之的。现在回想起来,习书记是想通过背诵这种方式,让大家了解当地的历史文化名人,激励地方领导干部提升人文素养。现在,每当我们向别人介绍起绍兴的时候,总会有说不尽的话题,对绍兴历史文化的自豪感也油然而生。我觉得,后来习近平总书记提出的"文化自信",一个重要内涵就是领导干部要熟悉所在地区的历史文化传统,并想尽一切方法使之发扬光大。

采访组:习近平同志在浙江工作期间,给您留下了哪些深刻印象?

王永昌:习书记有着高度的政治责任感和坚定的理想信念。有一次,谈到党内腐败问题时,习书记对我说:"我们作为党的高级领导干部,就是要为党和人民而奋斗,不怕牺牲我们自己,如果我们都不为党奋斗牺牲,谁还会为党奋斗牺牲?"他的理想信念和奋斗精神之坚定,不是我们常人能够想象的。

习书记有很强的规矩意识,凡是省委作出的部署,他都非常注重贯彻落实的实效。我举一个习书记谈防止"南辕北辙"的例子。2004年8月24日,习书记来绍兴作专题工作调研,听取我代表市委、市政府所作的工作汇报后发表了长时间的讲话。他说:"省委的决策,是中央方针、政策在浙江的具体化,各级地方党委、政府应坚决贯彻落实。我们不是看你平常讲几句表态的话,也不是看你平常在那里不亦乐乎地忙,我们要看你是不是忙在上级重大决策的贯彻落实上,看你是不是忙到点子上。如果中央的大政方针你没有认真贯彻执行,对省委的决策决议你心不在焉,然后说我忙了很多东西,这叫作'哪壶不开提哪壶',甚至是南辕北辙。"

他讲道:"一个决策决议的实施执行有一个过程,不是轻而易举的,要真正在全省上下形成共识,切切实实地抓起来,必须做很多落实的工作。一个木匠拿锤子钉钉子,那钉子不是一锤子钉进去的,得打几锤子才能把钉子钉到墙上去。抓落实也是这样一个过程。对下面的同志,对各级党组织抓落实,要听其言、观其行。抓落实不能满足于会议部署,要督查、反馈以及开一些经验交流会,总结、再总结,部署、再部署,经过几个回合、几个过程,才能把一件事贯彻落实下去,这是一个规律。永昌同志的汇报能讲到这个程度，表明必须干这么长的时间，才能有这么深的体会。否则，那也只是一个表态性的发言。我在一次会议上讲过一个观点，贯彻落实上级决策，有一个过程。第一步，就是大家对上级的决策部署，有响应比没响应好。我曾到某个地方去调研，当地领导汇报当中只字不提'八八战略'，我说我就是来检查这项工作的，你汇报了半天都不给我汇报这项工作，这几个月你在忙什么呀？我就讲得很不客气。所以，从没响应到有响应，有一个过程，只有在脑子里有位置，对上级的决策部署才会有回应。现在，我很高兴地看到，各级对省委的决策部署都有回应。有的是上午开了会议，下午就有信息来了，说已经贯彻了。这首先要肯定，但在肯定的基础上，还要想想真正落实了没有，这就是第二步，不要形成'雷声大雨点小'或形式上的回应，关键还要看是否真抓实干了。"

习书记在讲话中对我们贯彻落实"八八战略"的举措也给予肯定："绍兴在这方面是做得好的，一个是态度坚决，另一个是行动扎实。你们开了两个会，一个是全委会，另一个是读书会，这对统一思想是有好处的。再一个，你们的具体举措有针对性，是结合绍兴实际的。中央的决策要贯彻，在省里就具体化为'八八战略'。省委的'八八战略'要积极贯彻落实，要变为绍兴自己的东西。是不是跟上级的东西一脉相承，是不是掌握了上级精神的实质，是不是你说你的、我干我的，一看一听就知道了。"

习书记的这一重要讲话，给我们党政领导干部上了一堂生动的党课和领导方法课，给我们许多深刻的启示。作为党的一级组织的负责人，要同党中央和上级党委的决策保持高度一致，并结合当地实际扎扎实实地贯彻落实好，工作忙要忙到点子上，干要干到关键处，切不可自以为是，自搞　套，要防止南辕北辙。

在这次讲话中，习书记还讲到另一个要防止的"南辕北辙"现象，也给我们留下了深刻印象。他指出："我们要切实抓好生态建设。浙江人民不能生活在一个被污染的环境中。江南烟雨、山清水秀，本身是一幅美不胜收的景象。浙江不能因为工业发展了，就破坏了这种生态环境。如果环境破坏了，也就违背了人民群众的意愿。本来，我们发展经济，就是为了让人民群众享受更好的生活。如果工业发达了，环境污染了，群众受害了，这不是南辕北辙吗？本来想造福群众，结果是群众遭殃。过去的发展往往不够重视这一问题。"

习书记说，保护生态不仅仅是保护环境，实际上也是发展生态经济。他回忆起有一次省党政代表团去四川考察的经历，四川省除了成都等地工业企业比较集中，其他地方可以说都是"农业社会"。从一定意义上讲，越原始、越自然，就越有商品效应、商品价值，像九寨沟等地都可以开发生态旅游。他强调："生态即产业、生态即经济、生态即资源。环境保护得好不吃亏,越保护得好就越有经营价值。因此,我们一定要重视环境保护,抓好生态建设,走循环经济、资源节约型的发展道路。"

第一个要防止的"南辕北辙",是讲要学习贯彻落实中央和上级组织的决策部署,而不能自搞一套,自行其是。第二个要防止的"南辕北辙",不仅讲的是生态观,而且是讲我们的决策和工作一定要符合人民的根本利益,造福百姓,而不能让百姓遭殃。这就告诉我们,一个合格的、有作为的党政领导,要吃透上级精神,在此基础上为百姓谋福祉。要时刻警惕出现两个"南辕北辙",才能避免给党和人民的事业造成损害。

习书记还十分注重调查研究。他是一个很务实的领导,经常通过各种渠道调查研究。以绍兴为例,他在浙江工作期间,曾先后到绍兴考察指导工作30余次。每次谋划一件大事,出台一些重要文件之前都一定会开展主题调研。提出建设"文化大省"之前,他调研了绍兴的历史文化;提出建设"平安浙江"之前,他调研了绍兴"枫桥经验"。也正因为这些深入基层的调研,习书记讲出的话接地气,经他手出台的文件行得通,他谋划的大事做得成。

习书记有着丰富的阅历和深厚的历史文化功底。和他聊天对话的时候,总会在不经意间感受到一股强大的气场,给人"腹有诗书气自华"的感觉。同时,他又很有亲和力,说话也很风趣幽默。记得他担任国家副主席期间,我到北京看望他。他当时给我讲,中国传统文化历史悠久,是世界文明中最璀璨的一颗明珠。他认为,我们要将马克思主义与中国传统文化相结合,用马克思主义来引领和指导中国传统文化,将其发扬光大。

我和浙江的干部群众一样,对习书记充满敬意。他对基层情况熟悉,对我们干部群众很了解、很关心。2015年5月27日下午,他回浙江视察工作期间,亲切接见了我们。在同我握手时,总书记微笑着说:"永昌同志,你是个哲学家啊。"虽然是一句带有鼓励性的话,但没想到这么多年过去了,党和国家大事又十分繁重,他还记得我们这些基层干部的履历情况,记得我是哲学博士。我将永远铭记总书记的亲切关怀,激励自己活到老学到老,尽力为党和人民做些有益的事。

虽然从这次见面后,我只能在电视里和报纸上看到他的身影,但每每听到他的消息,我依然觉得非常亲切,也就更加想念他在浙江谋篇布局、挥斥方遒的日日夜夜,想念他带领我们"干在实处,走在前列"的那段峥嵘岁月。

(《学习时报》,2021年03月15日05、06版)

三、西方文化的卧薪尝胆:卡诺莎之行

1077 年 1 月,神圣罗马帝国皇帝亨利四世冒着风雪严寒,前往意大利北部的卡诺莎城堡向教皇格里高利七世"忏悔罪过",三天三夜后,教皇才给予亨利四世一个额头吻表示原谅,而这位教皇出身于皮鞋手工制作之家。这就是"卡诺莎之行",又称"卡诺莎之辱",此后,在西方世界成为屈辱投降的代名词。

(一)卡诺莎之行的起因是什么? 是在什么背景下发生的?

罗马帝国衰落之后,宗教人员的授权长期掌握在世俗君主手中。世俗君主利用教职的任命权,鬻卖神职,将其封给忠诚的下属和家族成员,或者用各种手段把辖下的教区据为己有,从而获得巨大的收益。君主的领地内出现大量具备一定经济和军事实力的教区和修道院,它们逐渐形成重要的政治势力。这些现象导致罗马教廷的财产流失,道德声望与威望下降,教皇在宗教事务方面的控制力也随之受到挑战。同时,君主授职也导致领地内教区的腐败。因此,11 世纪之后,西欧兴起了一股主张提高教皇的地位与控制力并且反对教区世俗化的克吕尼运动。

教皇格里高利七世作为克吕尼改革派,在任内早期就试图推行改革,从当时的枢机主教团和神圣罗马帝国手中夺取教职授权。当然,格里高利七世也明白,如果神圣罗马帝国继续保留对教皇选举的干预,他的改革是无法成功的。1056 年,年仅 6 岁的亨利四世登上皇位,机会出现了。罗马教廷趁着皇帝年幼,于 1059 年颁布著名的教皇选举法,规定封建领主不再有权干预教皇选举和任命治下红衣主教团。1075 年教皇又发布了《教皇敕令》,具体地阐述了教皇的地位及其权力,例如宣称"唯有教皇一人具有任免主教的权力""唯有教皇一人有权制定新法律""一切君主应亲吻教皇的

脚""教皇有权废黜皇帝""教皇有权解除人民对邪恶统治者效忠的誓约",甚至宣布"罗马教会从未犯过错误,也永远不会犯错误""凡不与罗马教会和谐的不得视为基督徒""教皇可以命令臣民控告他们的统治者""教皇永不受审判",等等。教皇格里高利七世趁德国国内局势未稳之际,命令亨利四世放弃任命德国境内各教会主教的权力,宣布教皇的地位高于一切世俗政权,甚至可以罢免皇帝。对此,亨利四世仍然继续任命主教并且最终以召集德意志主教会议宣布废黜教皇相对抗。国王亨利四世与教皇争权夺利,斗争日益激烈,发展到了势不两立的地步。亨利四世想摆脱罗马教廷的控制,教皇则想把亨利四世所有的自主权都剥夺殆尽。

于是格里高利七世发布敕令,废黜亨利四世,革除其教籍,解除臣民对他的效忠誓约。与此同时,德意志内以施瓦本公爵鲁道夫为首闹独立的一些诸侯宣称,倘若亨利四世不能得到教皇的宽恕,他们将不承认他的君主地位。教皇不仅要德国人反对亨利四世,也在其他国家掀起了反亨利四世的浪潮。此外,亨利四世还要面对撒克逊人的叛乱和国内的克吕尼运动,被革除教籍使他成为众矢之的。

(二)卡诺莎之行的详细经过是怎样的? 最后结果如何?

事态进一步恶化,格里高利七世准备北上与神圣罗马帝国境内的诸侯会面,途经意大利北部的卡诺莎城堡(城堡主人是托斯卡纳家族的玛蒂尔达女伯爵)。在这种内忧外患的严峻形势下,亨利四世被迫妥协。他再也无法顾及自己高贵的国王身份,于1077年1月,决定冒着严寒前往卡诺莎觐见教皇,恳求他撤回开除自己教籍的敕令。与他随行的还有他的妻子贝尔塔(萨伏依伯爵奥托和都灵女侯爵阿德莱德的女儿)、幼子康拉德(后来继承了德意志国王和意大利国王)以及少数僧侣、侍卫。当时统辖德国南部的王公贵族们理所当然地不予放行,亨利四世一行只好取道阿德莱德女侯爵即亨利四世的岳母处,希望通过她治下的一条经过阿尔卑斯山塞尼峰的山间小路到达卡诺莎。由于亨利此前曾经意图与贝尔塔离婚,一度闹得沸沸扬扬,阿德莱德与他的关系很不好。但最终看在女儿的情分上,女侯爵同意帮助这位处境艰难的君主,同时以调停者的身份前往卡诺莎,但向亨利四世索要了一笔高额的款项作为回报。

经过漫长而艰难的跋涉之后,他们终于到达了修筑在小山顶上的卡诺莎城堡。亨利四世让车驾停在山脚下,脱下皮帽和靴子,身着苦修士的简陋服装,仅仅披上一件毡毯,在隆冬时节赤足露顶——这是亨利四世的忏悔形式。当时,罗马教皇对逐出教会或违反教规的人,允许他们举行各种不同形式的忏悔仪式,来赎取自己的罪行。其时间有长达几年的。比如,有的赤脚露头,在教堂门前向所有进入教堂的人恳切哀求,请他们代为祈祷;有的用木杖打自己或由忏悔师来打,以 3000 杖抵一年的忏悔;有的赴圣地朝拜,或捐纳巨款;等等。为使亨利四世得到更多的同情,贝尔塔也加入了忏悔仪式,她同其他随行者一样,免去冠帽,除去靴袜,尽管这对贵族女性是无以复加的耻辱,但这位可敬的王后还是决定与丈夫共患难。在冰天雪地中,亨利四世和随行者赤足踏雪,一步一步地走上山顶。

亨利四世此举已是极尽卑微,但教皇却紧闭城堡大门,迟迟不让他进入。亨利四世夫妻一行人在严冬中赤足露顶,仅靠裹着毡毯取暖,冻得瑟瑟发抖。为了保住皇帝宝座,亨利四世与妻子忍辱跪在城堡门前求饶,痛哭流涕以求宽恕。国王的狼狈景象格里高利七世都看在眼里,他面临着一个两难的抉择:同意赦免亨利四世,他就会失去一个加强神权且实现改革的大好机会;但不同意,亨利四世的忏悔看似耻辱,其实也不失为权宜妙计。因为教皇根据教规将君主逐出教门,自然是合理合法的;而亨利四世果断决定通过忏悔乞求赦免,同样是有理有据,按照教规要尽可能地从宽对待。教皇此时也感受到了压力,因为这种卑微的忏悔势必会给亨利四世带来广泛的同情与谅解。亨利四世等待觐见的同时,城堡内的一些教士和城堡主人玛蒂尔达女伯爵开始向教皇求情。阿德莱德女侯爵目睹她的女儿、女婿在城外受辱,自然不遗余力地向教皇劝说,并与米兰伯爵阿尔伯特等贵族共同为亨利四世担保。甚至连一些克吕尼派教士也被亨利四世此举感动了,加入到求情者行列中。但大门一直没有打开。据《教权纪事:卡诺莎》记载,在等待过程中,因为过于寒冷,亨利四世几次被随从请求结束忏悔仪式,但都被他拒绝。随从们念完祷词,得到许可后纷纷返回山下的宿营地中。在得到母亲参与了劝说的口信后,王后也返回营地,陪伴在她幼子身边。城堡外只剩下亨利四世等两三人。大雪纷飞,地冻天寒,身为帝王之尊的亨利四世带着自己的妻子赤足披毡,据说一直在雪地站了三天三夜(也有一说,亨利四世一行人大多数时间其实都待在山下的村庄中等待教皇的赦免),教皇才同意亨利四世进来见他。

亨利四世匍匐在教皇面前,展开双臂,使全身呈十字形,向教皇泪流满面地忏悔自己的罪过,然后呈上自己服从教皇权力的保证书和宣布撤销关于废黜教皇法令的命令书。教皇并不满意,他严厉地训斥亨利四世,历数他的种种罪行。亨利四世一一点头认罪。看到曾经趾高气扬的国王可怜到如此地步,在场的贵族和神职人员纷纷请求教皇赦免亨利四世。教皇格里高利七世——这位出身低微的手工匠的儿子——

直到让亨利四世受尽了精神上的侮辱后才恩赐给这位忏悔者一个赦罪的吻,他同意不将亨利四世逐出教会,但是仍不恢复其国王的权力;在教皇和玛蒂尔达女伯爵等人的见证下,亨利四世被要求写下效忠教皇的誓词并宣誓。

(三)卡诺莎之行后又发生了什么? 对世界有什么影响?

亨利四世恢复教籍保住帝位返回德国后,集中精力整治内部,平息以鲁道夫公爵为首的诸侯反对派,曾一度危及他王位的内部反抗势力逐一告灭。格里高利七世认识到情况有变,于1080年再次对亨利四世处以绝罚(破门律),开除其教籍。亨利四世亦再度宣布废黜教皇,并任命一名敌对教皇克雷芒三世,随即率大军挥戈南下进军罗马,准备以武力雪洗"卡诺莎之辱"。亨利四世成功地占领了罗马,在那里由克雷芒三世加冕为教皇。

格里高利七世弃城南逃,他向盘踞在西西里的诺曼人首领罗贝尔·吉斯卡尔求援,吉斯卡尔欣然从命。结果诺曼人确实赶走了亨利四世,但他们同时洗劫了罗马,因此大失人心的格里高利七世在孤独中客死意大利南部的萨莱诺(1085年)。但亨利四世很快也面对着新的挑战叛乱,格里高利七世的密友、继任教皇维克托三世联合帝国诸侯攻打亨利。最终,1105年,亨利四世被推翻并遭到囚禁。后来,亨利四世逃往列日,并在那里去世了,新任教皇帕斯卡尔二世下令不得为亨利四世举行葬礼。

教皇与国王的权力之争并没有结束,双方的继承者仍然各不相让,斗争又持续了十多年。1122年,在德意志西部的沃尔姆斯城,罗马教皇和神圣罗马帝国皇帝共同签署了《沃尔姆斯宗教协定》:皇帝无权直接任命德意志境内的主教,而是在有皇帝或他的代表出席的情况下,由教士自己选举产生;主教的政治权力由皇帝授予,宗教权力由教皇授予。

卡诺莎之行将当时欧洲社会政治与宗教力量的不平衡,以及二者之间的矛盾表现得淋漓尽致。这种情况,直到16世纪英国宗教改革确立"王权至尊"才出现转变。

四、中外比对:自强与雪耻

(一)东西方自强与耻辱的差异

在我们看来,越王勾践能屈能伸,不惜牺牲自己的尊严也要灭掉吴国,是真英雄的表现。可是西方人却不这么看,他们觉得英雄就该有英雄的样子,怎么能如此低贱地去尝粪便呢? 其实这就牵扯到两种文化碰撞,东方和西方对待英雄的不同定义了。

比如美国政治家约翰·麦凯恩,曾在越战当中当了 6 年的战俘,但他回国后却受到了英雄的礼遇,被颁发了勋章,后来还顺利走上了政坛。这在我们看来是很难理解的。戊戌变法时,要说社会价值,康有为、梁启超可以被认为是影响中国历史进程的重要人物,但若要论英雄,中国人更愿意选择"以死唤起民众"的谭嗣同。这是因为中国人自古以来便崇敬能够为国家大义、民族气节而杀身成仁、舍生取义的英雄。

而与之形成鲜明对比的是,西方人把人的生命看得高于一切,在他们看来,能够在战场上千方百计地使自己活下来的人是英雄,而悲壮地牺牲并没有多大的意义。西楚霸王项羽在乌江自刎,他并非真的无路可走,而是因为无颜见江东父老,宁可死得轰轰烈烈也绝不苟且偷生。这在西方人眼中也是难以理解的。

(二)东西方复仇差异

复仇是人类历史长河中一种特殊的、极端的文化现象,复仇文学作为一种重要的文学母题话语,记载了波澜壮阔的人类个体奋斗精神和社会实践历程,在中西方文学中都占有重要地位,也呈现出不同文化特质。中国著名的复仇故事有赵氏孤儿、伍子胥灭楚、勾践灭吴等,西方著名的复仇故事则有《哈姆雷特》《基督山伯爵》等。

首先,西方较为偏重复仇行使时主体灵魂世界的冲突,偏重复仇实施尤其是精神摧残过程描绘;中国则较为关注复仇事件本身的结局,包括关注复仇者自身在成功复仇后的命运。两者一重人性揭示,一重伦理实现。其次,西方写复仇,注重个体性格成熟的过程、人格的变化与完善;中国则偏好于伦理目标实现的社会效果、教化与警世功能。

"胆剑精神"中的"胆",即卧薪尝胆,意为忍辱负重,刻苦自励。"胆剑精神"中的"剑",即越王勾践剑,意为攻坚克难,奋发图强。历经千年的"胆剑精神",既强调隐忍低调、砥砺意志,又强调奋发有为、奋力争先。

西方人错误地将"韬光养晦"与"卧薪尝胆"相提并论,是对中国成语的误解,本质问题是东西方对英雄、对奋进、对自强、对屈辱、对复仇等概念认知上的差异,而消弭这些差异需要文化之间的交流沟通。

课后作业:

　　1.面对失败,中西方文化展现了哪些异同?

　　2.我们今日如何更好地继承并弘扬"胆剑精神"?

　　3.你觉得如何让西方人理解绍兴的"胆剑精神"?

第六章 师爷文化——打工与世袭

　　绍兴师爷盛行于我国历史上的明清时期,叱咤风云长达三四百年,特别是有清一代,几乎垄断刑名、钱谷等与狱讼裁断相关的领域,有"无绍不成衙"之美谈。绍兴作为师爷文化的代表地和发源地,具有独特的历史、人文、地理等特征,从而使绍兴师爷这一群体不断形成并发展壮大,对各行各业的发展产生深远影响。师爷文化源于我国春秋战国时期形成的幕府文化,经过秦汉、唐宋直至明清,发展逐渐成熟直至高潮。师爷文化中的师爷与主官是一种宾主关系,双方实际是一种雇佣关系,义利交合,师爷为主官出谋划策,主官根据师爷的意见建议进行决策判断,双方以礼相待。随着师爷文化不断演进,围绕师爷这一特殊职业——幕业所产生的入幕、习幕、幕道等学问日益纯熟,并且与传统文化特别是儒家文化产生关联。

　　日本的幕府文化类似于师爷文化,同属于幕府文化范畴,但是双方所体现的主从关系具有不同的特点。师爷文化明显偏向于"打工"的特征,而日本的幕府文化则体现"世袭"的特征,并且双方形成的文化走向也存在差异,对各自历史发展产生不同的影响。

一、绍兴师爷:兴起与衰落

(一)"师爷"称谓起因

　　"师爷"一词有多重含义:一是业师之父或师,俗称"师爷";二是称为地主或商人管账的人为"师爷";三是明代小说中亦称道士为"师爷"。根据《汉语大词典》的说法,"师爷"是"清代官署中幕僚的俗称"。《辞源》解释"师爷"是"清代地方官的幕友。刑名、钱谷二职都有这种称呼"。师爷源自我国春秋战国时期的幕府制或幕僚制。《晋书》记载:"谢安与王坦之尝诣温论事,温令超帐中卧听之。风动帐开,安笑曰郗生可谓入幕之宾矣。""幕宾"一词由此而来。幕宾称谓不一,有幕友、幕客等,俗称师爷,即为主官聘请佐治之人。

我国古代行政用人体制包括"命官制"和"辟除制"。由皇帝直接任命官吏的用人制度,称为"命官制";由皇帝所命之官自主辟除僚属的用人制度,称为"辟除制"。自主配置僚属是皇帝赋予所命之官的用人权力,由长官自主配置僚属的制度通常称为"辟除",亦为"辟召""辟举""辟请""辟聘""辟置""辟属"等。辟除制最早始于春秋战国时期。据《史记·李牧传》,战国时期将军已拥有用人自主权。在地方行政机构里被举荐而任用的属吏,称辟史。汉代各级行政长官可以自主辟除的僚属,不包括佐贰官。魏晋南北朝时期,辟除制有进一步的发展。隋朝职官始分"流内""流外","流内官"由朝廷统一任命,"流外官"仍可自行辟除,而且军事长官自主辟除佐僚的情况仍然存在。唐代辟除制限于使府机构,即军政系统,而不涉及州府机构,自主权也稍有削弱。唐代把辟除叫作"奏辟",署为幕府之职必须奏报朝廷;未向朝廷奏报而没有官职者,则称"摄"。宋代对辟除制立有"专法",限制比唐代严格。元代诸投下虽然可以自举其人,但须"以名闻于朝而后授其职",其他行省的幕僚如"议事官""经历"等"亦可自辟"。明代中央和地方的所有官员都必须由朝廷任命,任何官员都没有了自除佐僚的权力,但是并不禁止官员以私人的名义用人行政。清代幕僚是各级幕主处理政务的智囊与代办,幕府变为官员的私人组织,辟置僚属是官员的私人行为,其报酬主要是从政务专用经费中开支。僚属"辟而不署",被排除在官僚体系之外;官僚体系与行政体系不同,行政体系大于官僚体系。

一般认为,清代"幕僚""幕宾""幕客""幕友"这几个词常交替使用,已经没有什么区别。但也有不同意见。有学者从官吏用人行政的角度,把以辟除制为基本特征的幕友制度称为"幕僚制",把以招聘制为基本特征的幕府制度称为"幕客制"或"幕友制"。还有观点认为,实际上,在整个幕府制度史上,"幕僚制"和"幕客制"这两种幕制形态一直并存,从明朝开始发生显著变化,由征辟为主演变为招聘为主。清代虽然也严禁"保列幕友",但督、抚两司官员仍然因事需能员,而不得不"奏调"甚至自行差委在职属官和候补官员入幕佐治。

(二)师爷"功能"分类

师爷靠自己具有的刑名律例、钱粮会计、文书案牍等方面的专门知识和才能辅佐主官,称为佐幕。根据师爷"功能"分类,大致可以分为刑名师爷、钱谷师爷、书启师爷、挂号师爷、征比师爷等。

刑名师爷佐官审案,精通律例、成例、法令、办案程序及公文程式等。一方面,清朝入关后,为确保国家统一、民族稳定、政权巩固,构建中央集权法制体系,对各级官员法制水平提出更高要求;另一方面,清代资本主义生产的初始状态出现,社会商品经济快速发展,各类案件纠纷明显增多,对政府官员的工作造成极大压力。因省以下官吏多为科举出身,仅习八股,或捐官出身,文理不通,不知律令为何物,而刑案审理涉及地方社会稳定,主审官对裁判结果要慎之又慎,因此他们多聘谙熟大清律例的刑名师爷辅佐审理。

钱谷师爷负责办理财税等事项。因地方征收、解送期限严格,逾期后果严重,轻则处分,重则被贬,且清时尚未有会计清算,因此需要钱谷师爷帮助长官征收赋税。此外,行政官吏卸任后续交接工作繁杂,移交、制造四柱清册及盘查核实账目缺一不可。平时账务台账为盘查核实账目时重要依据,不仅内容庞杂,还包含诸多"陋规",包括衙门官吏及衙役等人的收入来源,做账时需巧妙覆盖而不至被查,因此这一职务除掌握专业赋税制度、精于核算审计外,还需谙熟"陋规"之道,非经系统学习所不能也。

书启师爷负责草拟公私函件(包括呈文、信件、公告等)及其他应酬文字。清代朝廷各部书吏对由下至上的公文要求严苛,下级为使所呈公文不被批驳,往往聘请专善公文的师爷,他们以替人捉刀代笔为业。

挂号师爷主要负责管理公文、稽催公事。催办刑钱之事是其日常工作,在幕府中所起的作用类似于督办衙门。

征比师爷负责考核征收钱粮,原本辅助钱谷师爷办公,后因部分州县钱谷事务繁杂独立出来。

(三)绍兴师爷兴起成因

绍兴为什么盛产师爷?首先是官府为治需求。清朝初期,地方官多是八旗武夫充任,而其不识汉字,对地方人情世故并不通晓,需要世俗之人指点,那精明老练的绍兴师爷便有了用武之地。其次,绍兴师爷多历经科举,虽考场失意但文化功底深厚,加之学幕培养的审慎周密思维方式及专业能力,辅佐官员唯其不能。最后,官贵吏贱,导致胥吏待遇较低,且少有升官机会,而康熙元年(1662)更是取消了工食银,胥吏为维持生计收取"陋规",如征税时私下按比例向纳税人抽成,由此导致胥吏大多唯利是图,暗中操纵权柄,即所谓"清官难逃滑吏手"。而幕友之用,在于辅佐官员和监督胥吏。绍兴师爷因职责划分明晰,对刑法、财政赋税收入政策熟悉,经验老到且通晓世俗,可划分具体职责监视胥吏,防止主官被骗。同时,他们针对胥吏的各项建议进行深思熟虑,把好首关,防止主官误信。

绍兴师爷的兴盛,也离不开绍兴当地独特的历史、人文、地理等环境因素影响。绍兴地区自古以来文风炽盛,文人辈出。科举的兴盛,使"学而优则仕"的人数增多,但也意味着中举率降低。绍兴民谚云:"一百秀才莫欢喜,七个贡生三个举,四十五个平平过,四十五个穷到底。"绍兴地区大量科举落榜生为生活所迫,必须面对生计问题。而读书之人,或碍于身份,或意图进取,一般薄农工商贾而不为。绍兴读书人多尚官向权,认为"笔头溜一溜,银子一畚斗","溜笔头"的场所便是官府。去官府谋生,并不只是追求物质生活的享受,在官府任职社会地位较高,是对社会价值意义的追求。因此,入幕佐官,物质、精神皆可满足。同时,绍兴民多田少成为文人外出内因。越地为"三山六水一分田"的"泽国",河水湖泊分割土地,大量人口聚居在狭长的土地上,导致人多地狭、地狭且瘠的情况。因此,"秀民不得业,多以治文书、托官府为幕客,天性使然"。此外,绍兴优越的地理环境和便利的交通,利于人口流动。绍兴人在明代已好游成风,一是游官,即充任官吏,二是经商。最后,明代以来,绍兴人多作吏于中央六部及地方衙门,精于吏学,这与绍兴人以吏为业及吏学之风息息相关。因胥吏中多为绍兴人,而绍兴人特别讲求包括乡缘、血缘、师缘在内的亲缘关系,绍兴师爷与绍兴籍胥吏因乡缘就更易结成利益紧密的群体,这种关系便传承下来,且愈益紧密。

(四)绍兴师爷的历史发展

元末幕府辟授,参唐规制,确立幕僚制度,如李善长为朱元璋的幕僚长。明初,地方各行政机构均设幕属官,该官虽能起辅佐地方官之用,但由朝廷铨选,长官不能自辟,往往还有替朝廷"安插眼线"之嫌,地方官员对其并不信任,影响双方之间的关系。明中叶之后,幕属官虽有幕职,但常被地方官弃用,转而自聘人员,幕宾应运而生。中央机构中以明代初设的内阁大学士所聘幕宾最为典型,而在地方衙门,明代中后期聘请幕宾佐治也成一时之风。此为绍兴师爷萌芽发展阶段。

清初,绍兴师爷开始崭露头角,其中代表人物是沈文奎。沈文奎,绍兴府会稽县(今绍兴市)人,年少北上辽东游学,后金天聪三年(1629)于遵化被俘,随后金八旗兵回沈阳,被分予贝勒豪格后选入文馆,为清朝入关出谋划策。天聪六年(1632),皇太极兵伐察哈尔,往略宣府,明廷请盟讲和,于是皇太极班师。但在后续决策中,皇太极犹豫不决,召沈文奎等人共商与明言和之事。沈文奎认为,明朝纲常已乱,全国盗贼蜂起,人民久困离乱,望皇太极行仁义之师,征伐明朝。皇太极采纳沈文奎之言,一举推翻明朝统治,建立清朝。针对治国理政,满洲谋臣关于统治手段的策略多仅限于政策表面,而沈文奎则提出治理国家应从根本着手,即统治者本身要有良好修行和政治谋略。他认为皇帝进学应以以《四书》为核心的"帝王治平之道"为要,并建议建立侍讲制度,择伶俐通文、精通时事之人,于皇太极听政之余讲解《四书》两章、《通鉴》一章,以便皇太极日积月累修身养德。针对清朝初期重武轻文、用满弃汉现象,沈文奎建议皇太极广开言路,允许大臣极言进谏,广选人才,尤其是起用汉人。在处理民族关系方面,沈文奎的治国之策和用人主张在清朝治理中发挥极大作用,得到清初统治者的认可,逐渐使清政府从排斥汉人到主动与汉人融合。

雍正、乾隆时期,绍兴师爷逐渐走向兴盛,其中代表人物是邬思道。邬思道家出浙江绍兴,自幼好学,科举失意后从幕,被河南巡抚田文镜聘用并定居河南开封,人称"邬先生",因出策向雍正上奏弹劾隆科多一事而声名鹊起。一日,邬先生问田文镜:"您想做一名吐气督抚抑或庸碌督抚?"田答:"那定是做吐气督抚。"邬说:"那就让我为您办一件事,您勿干涉。"田心中纳闷,问邬要做何事。邬答:"拟为您起草奏疏一份,勿看并呈上朝廷,大人事便成。"原来,此奏折内容为弹劾时任吏部尚书隆科多。隆科多为雍正舅父,因对雍正有拥戴之功,"宠遇日隆",恃宠骄纵,常做越礼违法之事。此时,雍正已对隆科多非常厌恶,正想清除而苦于无从下手。满朝文武虽知隆科多不法,但慑于其权势,无人敢揭发。雍正收到奏折,以此为由对隆科多罢官处刑。雍正得知此事为邬思道一手策划后,竟在奏折上批道:"朕安好,邬先生安否?"邬师爷由此名声大噪。有一次田文镜和邬师爷因小事意见不合,邬师爷辞馆而去,田文镜心神不安,诸事不顺,只好托人请回。之后邬师爷自抬身价,每日薪酬50两才肯就幕。田文镜死后,其他督抚闻邬师爷之名,争相以重金聘之,但竟不知其所在,传言已被召入宫中。正因邬思道为雍正帝所看重,各级衙门纷纷效仿,想聘请一位"绍兴老夫子"来佐政,"绍兴师爷"名声传开。

晚清时期,政府需要新兴势力镇压太平天国,绍兴师爷发展出现第二次高潮。自鸦片战争后的几十年,因西文东渐,社会急剧变化,新物层出不穷,洋务日益繁杂,自太平军兴时期出现的民间捐输、捐厘等,使各级政府唯有不拘一格聘用人才方可应付,为绍兴师爷群体的进一步壮大提供了新机遇。如程埙任左宗棠师爷,马家鼎任张之洞师爷,更有师爷娄春蕃自李鸿章处入幕,奏折、刑钱、河工、盐务等皆受倚重,后历任包括总督王文韶、荣禄、袁世凯、杨士骧等人在内的近十位主官,先后从幕三十余年。清代社会动荡促使地方实权派广揽人才,绍兴师爷被聘后多参与地方治理、策略谋划,以自身才能经验巩固幕主地位,维护了社会秩序安定。

(五)绍兴师爷逐渐衰落原因

随着西学东渐,绍兴师爷在清朝摇摇欲坠的统治下逐渐走向衰落。光绪十年(1884),张之洞至湖北,以委员取代刑名、钱谷师爷的位置,之后各省纷纷效仿,这一改革成为绍兴师爷走向衰亡的先声。第一,机构裁撤去生路。光绪二十四年(1898),清政府开始新政。这一系列改革中,官僚政治改革与绍兴师爷利害尤甚。清廷整顿官僚体制,先后裁撤冗杂机构、缩编人员。"皮之不存,毛将焉附",绍兴师爷本依附于衙门及主官而存,从业机构及附属主官的裁撤使他们无从业之处,不得不另寻他路。

第二，新式教育冲击大。新政实施后，文化教育方面陆续颁布废八股、停科举、设学堂、奖留洋等一系列举措，新式教育风起云涌，全国兴起建校热和留学热。新式学堂的兴办及出国游学等新式教育的发展，使学生从国内外接受到新知识、新理论、新科学，改变了他们的知识结构，开阔了眼界，使他们成为近代知识分子群体的重要组成部分，对知识结构老化的绍兴师爷群体造成极大冲击。第三，"司法独立"夺"判"权。晚清推行司法独立，通过制定或颁布《法院编制法》《大理院审判编制法》《各级审判厅试办章程》等法律，调整司法审判机关职权，将涉诉案件归为法院专辖，从根本上动摇了绍兴师爷中占重头的刑名师爷垄断司法审判的根基。由此，绍兴师爷这一特殊群体在叱咤风云三四百年之后，逐渐退出历史舞台。

(六)绍兴师爷的任职要求

绍兴师爷从幕佐治有一套完整的流程和规范，具体包括学幕和从幕两大步骤。

学幕，首先要拜师。古人称呼学幕的人为"帽辫子"，比喻其从事幕业离不开师傅，随师学幕是习得幕学的常见方式。拜师入幕，拜师礼必不可少，具体流程是：行跪拜叩头之礼并呈授业帖；送上学费和礼物；父辈陪同行礼，后商定幕学年限。其中拜师礼金根据幕席大小从一二百两至五六百两不等，由此可见，对于贫苦读书人来说，想迈进幕业的门槛也非轻松之事。当然，也有学幕是不必花费银两的，即"依亲学幕"。其次是读律。幕之为学，读律而已。绍兴师爷陈天赐曾说，学幕初期，师傅便让他读《大清律例》，熟读目录，细品其中的名例律，按需读其他各律。除阅读《大清律例》外，《读律佩觿》《大清律辑注》等著作及经史文书也是学幕之人所要阅读掌握之书。最后是业务实践。律例如古方本草，办案如临症行医。在此阶段，重点在于熟悉办案流程及学习文书写作，包括阅诉状、拟呈词、抄律例等。其中抄录律例为业务实习之重，学徒通过抄录可细细体会、了解律例的内容，逐步掌握律例运用方法及领悟判案精髓。师爷陈天赐曾说，自己初办公于巡抚衙门，师傅并无特别指导，仅让他多看案卷，勤加练习，因此常于读例闲暇之余调阅已结案卷，细心浏览，逐步熟通办案手续，然后尝试拟案呈词、核对稿件、起草文章、草拟上文、拟案勘词等。

从幕则包括谋馆和得馆两个环节。学幕出师找馆的过程称为"谋馆"。因刑名、钱谷师爷专业性强，从幕难度高，多为精挑细选之人，且各级衙门对其需求较大，所以谋馆较易；而书启、征比、挂号师爷专业性较低，谋馆人多，对应职位少，难以就幕。学满出师的入幕者初涉幕场，靠一己之力谋馆较难，便要他人推荐。推荐人(荐幕者)一般对所推荐者美言一番，例如夸赞品行端正、业务熟练、为人忠厚。绍兴师爷遍布全国，绍兴籍师爷之间相互援引，师徒或同乡之间荐馆成为重要途径。如谋馆者找到了幕馆，便称为"入幕""得馆"，幕主亲自或差人送聘书和聘金。如为刑名、钱谷师爷，主官一般亲自送交。聘用仪式感极强,一般是主官先下跪叩头,师爷下跪回礼,恭送"书币"。其中"书"即关书、关聘,"币"指聘金。聘书往往有一定制式要求,一般用大红全束,封面书"关书"二字,内写被聘者姓名、职务、费用等,末行落款时间,但不盖官印及私章,以表明幕府队伍与官僚队伍的相对独立性。聘书的性质类似于现今的劳动合同,聘书一收,师爷便等于同意为幕主工作及服务。

从幕过程中要遵循一定的处世原则,这也被称为"幕道",特别是在清代名幕汪辉祖的《佐治药言》《续佐治药言》等幕学专著中有所体现。首先是要尽心尽言,勤奋守职。尽心即为主人着想,做事竭尽所能,权宜轻重。尽心可以理解为"食人之禄,忠人之事"。尽言乃是"知无不言,言无不尽",听否在幕主,言否在幕友,决不可对幕主的过失坐视不管。在绍兴师爷看来,为尽心、尽言,不应怕忠言逆耳乃至为此失馆,唯此才算尽心尽言、人品高尚,才可获赞誉。其次是正心洁身,不事交游。正心指的是"立心要正",公心为上,公私分明。洁身就是要有廉洁的操守,洁身自好。绍兴师爷往往明辨损益、深居简出,交际甚少,既不直接参与前衙审案,也不应酬接客。最后是博学多才,著书立说。绍兴师爷中有的是学者出身,他们大多文采非凡、经历甚广,有著书立说的基础。而且绍兴师爷大多案牍颇多,不事交游,闲暇之余,创作诗文便被许多学识渊博、志存高远的师爷当成自身重要的精神生活,他们往往以此自娱自乐。

(七)绍兴师爷的历史意义

绍兴师爷作为一个历史群体虽然已经消亡,但是为后世留下了宝贵的物质和精神财富,其包含的"佐官以治"幕道思想和深度参与地方事务的历史实践成为我们透视师爷文化的重要内容。

在从幕过程中,师爷"佐官以治",主官以礼相待,双方形成义利交合的主从关系。忠于主官并与之休戚与共即绍兴师爷的基本道德及行为准则。同时,主官敬其如师,不敢以非礼、非义待之,衙门内办公人员称呼师爷为"老先生",衙役仆隶尊称"师老爷",民间称呼"师爷"。平日相见,师爷不用像其他人一样行跪拜或请安礼,而是与主官互相作揖。连幕主对绍兴师爷都如此尊敬,其他人更是如此。尤其值得称道的是,绍兴师爷从幕多遵从"合则留,不合则去"的原则,意思是双方合得来师爷就继续合作留任,合不来就罢幕走人。绍兴师爷虽已学幕读律、历经世事,但仍存读书人天生的那股傲然之气,"尊师"为其从幕一重要条件。清代名幕汪辉祖主张公事公说,可以理相争之事,应尽力说清,不可假公济私;对官员行将错误之举应直言进谏,若主官执意己见应不惜辞官相挟。汪辉祖一生秉公辞官有七次之多,他之所以能够公事公办,不委曲求全,主要是为人正直,意志坚定,办公不掺私人情感,与主官之间始终以宾礼相处。

　　除了幕道思想留给后世做人做事方面的启迪之外,绍兴师爷还深度参与当时地方事务的治理,留下宝贵的历史实践。清代绍兴地区有"吃讲茶"的民间习俗,坐"马头桌"之人充当裁决者角色。"马头桌"摆放于茶室临街,非一般茶客落座,仅在当地颇有威望之人可坐,绍兴师爷独占一席。过程大概是泡茶后双方争辩—茶客分析评议—"马头桌"现场裁判—众人附议性同意—纠纷解决。败者需服从结果,赔礼道歉,支付茶资。除化解民间纠纷外,绍兴师爷中的重要组成部分——刑名师爷,其辅官判案直接影响地方司法行政治理。刑名师爷包办刑事案件,还参与部门治安、教化等事务。此外,政府征收赋税往往较为生硬严苛,绍兴师爷积极从中调和,以免激起反抗。绍兴师爷谋划水利以促农业发展和救灾治灾以解百姓疾苦等方面的例子也层出不穷。这足以体现这一群体在当时社会治理各个方面均功不可没。尽管清朝后期因朝廷官吏腐败盛行导致出现"劣幕化"现象,但是纵观绍兴师爷数百年的发展历程,可以认为其是一个声名显赫的群体,对历史发展具有重大积极意义。

绍兴师爷为何能纵横官场 300 多年?

　　说到绍兴,除了山水风光、臭豆腐和黄酒,很多人还会想起"绍兴师爷"。

　　提到师爷,你脑海中首先浮现的是什么形象呢? 是八字胡,尖嘴猴腮,拿把折扇,摇头晃脑,眼珠子骨碌碌直转,一肚子"坏水"? 还是精明儒雅,满腹经纶,神奇莫测,扶危济困,出谋划策,指点江山?

　　在影视剧里,师爷的形象大多是丑角,但这其实是丑化了师爷的形象。那么,真实的绍兴师爷是怎么样的? 在古代官场上,他们扮演的是什么角色? 其实早在 1999 年,一部电视剧《绍兴师爷》就已经还原了绍兴师爷的真实身份及生活。

　　《绍兴师爷》中,方敬斋是一位匡扶正义、睿智精明、清正廉洁的绍兴师爷,在官场上非官而官、寄人篱下、弄权幕后,宦海生涯充满传奇色彩。

　　剧中的方敬斋为绍兴师爷的代表,虽是文人,但却掌握着一般文人难以掌握的、在科考中也不可能涉及的专业知识,靠自己具有各方面的专门知识和才能辅佐主官,相当于现在的顾问或者是律师。

　　绍兴师爷在明万历年间兴起,鼎盛时期民间一度流传"无绍不成衙"的说法,直至民国初年,这个在中国官场上活跃了长达 300 多年的独特的师爷群体才趋于衰亡。

　　那么,绍兴师爷为何能纵横官场 300 多年呢? 原因离不开京杭大运河。

　　明清时,浙东地区水网密布,因贯通中国南北的京杭大运河而伸往北方,是全国最富庶的区域之一。这一区域是春秋时的吴越故地,经长期开发,成为鱼米之乡和丝绸之乡。由于整个中国南方北运物资主要经过这里,因而依傍在大运河边的绍兴商品经济发达,人口稠密,城市繁荣,文化传统源远流长,教育普及,教育水准也相当高。

当时,江南吴越地区读书人所面临的科举考试竞争异常激烈。眼看入仕做官的机会渺茫,很多读书人只得放弃举业,转而学幕,走替人佐治的道路。而且大运河带动了绍兴的经济和文化的发展,很多人自小就接受了良好的教育,诗词歌赋样样精通。

另外,大运河不仅沟通了南北的物资和文化,也让人才的流动更加高效快捷。京杭大运河北起北京,南达杭州,流经今天北京、河北、天津、山东、江苏和浙江六省市,纵贯海河、黄河、淮河、长江和钱塘江,将这五大水系联结起来,全长约1794公里。这让绍兴的交通异常便利,四通八达。李白、杜甫等大文豪就曾多次游览至此,历代皇帝也曾多次南巡莅临,有钱的大臣也会到此游历。这就加快了绍兴师爷名气的传播速度。

因为交通便利,由绍兴走出去的师爷多达万人,他们沿着大运河离开家乡,受聘于全国各地的府衙。一个庞大的绍兴籍师爷群体便开始形成,绍兴师爷一时名扬天下。

嘉靖年间被誉为"明代第一才人"的徐渭,即为典型的绍兴师爷,擅长军事计谋和书法,为总督胡宗宪出谋献策,取得了显著的政绩。

据说,咸丰年间,曾国藩初练湘军,与太平军交战连战连败,就十分沮丧地写了份奏折向朝廷请罪救援。奏折中写"我军屡战屡败",有一绍兴师爷在誊抄时,将其改为"我军屡败屡战"。一字之变,事实不变,但气概全变,咸丰皇帝看了奏折后,不但不怪罪,反而夸赞曾国藩忠勇可嘉。

晚清时期,绍兴师爷更是受到张之洞、李鸿章等众多名臣的重用。

一直以来,师爷中响当当的第一品牌就是绍兴师爷。那么,绍兴师爷的品牌究竟有多响呢?

据说有一个官员,准备招师爷,经过笔试、面试,最后一道关卡,是请应聘者吃饭。每人面前放着一盘"臭三样"——臭豆腐、霉千张、霉菜梗。吃不了的应聘者,全被淘汰了。因为只有吃得了"臭三样"的,才是正宗的绍兴人,才有资格当师爷。

虽然现在已经看不到绍兴师爷的身影,但有一首歌写尽了绍兴师爷的才华与风骨:"布衣一生也风流,一壶酒万卷书,宦海沉浮任漂流,那个任漂流。官印在你身,学问偏我有,衙门你为大,那个幕后我招手。天理国法人情,翎子挂在帽檐后,人在屋檐下,就是不低头,布衣一生也风流。"

二、绍兴师爷:相关案例故事

(一)徐文长对联斗贪官

山阴有个县官,贪污受贿,搜刮钱财,无恶不作,可他却标榜自己清正廉明,还在县衙大门上贴出了一副对联:

　　眼前皆赤子
　　头上有青天

徐文长见了很气愤,一天趁着黑夜,跑到县衙门口,提笔把对联改了:

　　眼前皆赤地
　　头上有黑天

老百姓见了,个个拍手称好。县官气得不得了。他探得是徐文长改的对联,就命手下人把徐文长传来问罪。徐文长反问道:"请问大人,你有何证据?平白无故认定是我改的对联,岂不是诬陷?"

县官一时弄得难以收场,只得说:"既然你没改,那就算了。本县听说你才思敏捷,万分敬佩,今天想邀你来对对子。"

县官出了个难联:

　　云锁高山,哪个尖峰敢出?

徐文长马上对道：

　　日穿漏壁，这条光棍难拿！

县官望了望大堂上挂的灯笼又吟道：

　　一对烛，亮亮堂堂，普照前后左右

徐文长不假思索，随口应对道：

　　两盏灯，黑黑暗暗，无分南北东西

徐文长隐喻公堂暗无天日，县官怒火中烧，说出了第三个上联：

　　油蘸蜡烛，烛内一心，心中有火

徐文长借题发挥，对出了下联：

　　纸糊灯笼，笼边多眼，眼里无珠

此句暗讽县官有眼无珠。

(二)师爷巧书救平民

　　说清朝时陈阁老告老还乡，皇帝送了他一只白鹅，陈阁老很得意，在鹅脖子上挂了块金牌，写上"御赐白鹅二十三斤"。

　　这白鹅好食豆腐，每日去豆腐店吃一板豆腐，陈阁老账房结账。结果有天白鹅吃豆腐时被狗抢食，狗还把白鹅咬死了。陈阁老听闻大怒，说："我每日帮衬你一板豆腐，你竟连狗咬鹅都不管！"一气之下告官把豆腐店倌抓了起来。

　　此事被绍兴师爷所知，他写了张帖子让豆腐店倌妻子交给阁老：

　　鹅挂金牌，犬不识字。

　　禽兽相争，与人何涉？

　　阁老贤明，请赦奴夫。

　　陈阁老看了此帖，自知理亏，于是将豆腐店倌释放了。

　　又说乌镇南栅有个卖豆腐的，在屋后水面上搭了个水阁扩大店面，结果被官府抓了，说他私占官河。其实他占的那条河道非常宽阔，可以五六船并行，反而是县衙里修的一个官船靠岸处的码头，窄得只能两船并行。绍兴师爷张铁笔为了救他，给他写了状子：

　　民占官河，五船并行。

官占官河,两船难行。

谁碍交通,老爷自明。

结果巡检老爷怕事情闹大,把豆腐店倌给放了。

另有一个乡村恶霸,非礼妇女,被其丈夫所扭。恶霸略懂拳术,将丈夫摁倒在地,妻子救夫心切,用柴刀从背后将恶霸劈死。贫贱夫妻沾惹上人命官司,正惶惶然,绍兴师爷惩恶扬善,改了恶霸家人的状子:

"用柴刀劈死"的"用"上加了一钩,改为"甩"。

蓄意杀人变成过失杀人,救了那位妻子的性命。

(三)娄师爷三气胡县令

清朝时,长兴县里新来了一个姓胡的县令。他听说县城里有一位姓娄的绍兴师爷善于诉讼,爱打抱不平,前任县令和县里的佐吏差役都怕他。胡县令年少气盛,又自恃才高八斗,很想会一会娄师爷,给他一个下马威。

正巧,娄师爷来县衙诉讼。这天来县衙告状的人特多,不下五六十个,帮办县吏把娄师爷的状纸放在最前面,想让县令早点办结,放他出衙门,以免他待久了惹是生非。胡县令升堂,见放在第一位的是娄师爷的状纸,脸上露出一丝冷笑,一抬手把它放到一大摞状纸的最后头。他两眼瞟了一下跪在下面的娄师爷,心想:在这大热天里,先让你尝尝跪上大半天的滋味吧。胡县令每审阅一件诉状,必叫原告上前,絮絮叨叨问个不停,有意拖延。娄师爷越跪越难受,越跪越不耐烦,正在这时,机会来了!胡县令因身穿马蹄官服,头戴红翎子盔帽,正热得难受,不知怎的头皮又痒了起来,便摘下头上的官帽搔起痒来。娄师爷见了,马上站起身来。胡县令大怒,把惊堂木一拍,喝道:"大胆狂徒!你系知书识礼之人,怎么不懂规矩?公堂之上,岂容你长立不跪!"娄师爷用手指着县令的头理直气壮地说:"我跪的是大清律条、顶戴花翎,不是跪哪一个人。皇法岂容你公堂卸帽审案?我为何要跪?"说完就转身,甩开双臂离公堂而去,气得胡县令目瞪口呆。

胡县令为娄师爷不跪之事一直耿耿于怀。一天,他突然心血来潮,找了个借口,让差役把娄师爷传来。胡县令坐在大堂之上,两班衙役分立两旁,摆出一副审案的架子。娄师爷到了堂上却直挺挺地站着并不下跪。胡县令见此,把惊堂木狠狠一拍,说:"大胆刁民,见了本县还不跪下?"两旁的衙役也高喊起来,一副森严可怖、杀气腾腾的样子。胆小的人早该吓得小腿肚抽筋了,可是娄师爷却纹丝不动。胡县令又叫了一声:"跪下!"娄师爷仍毫无反应地东张西望。胡县令火冒三丈:"娄师爷!"娄师爷这才大梦初醒的样子应道:"哎!""你见了本县为何不跪?"胡县令喝问。娄师爷从容地回答道:"你叫我娄师爷,我喊你县太爷,你也是爷,我也是爷,咱俩扯平,因此呀,娄师爷不跪县太爷!"气得胡县令胡子直翘。

胡县令两次失败,于心不甘,还想与娄师爷较量一番。一天,胡县令又差人把娄师爷传唤到县衙大堂。娄师爷见了县令不卑不亢地行了个礼,然后道:"不知太爷传唤小民前来,有何见教?"胡县令因两次让娄师爷下跪不成,自讨没趣,这次只瞄了娄师爷一会儿,阴阳怪气地说:"听说你经常帮人告状,你敢告我吗?"娄师爷知道来者不善,就毫不示弱地瞥了胡县令一眼,朗声道:"告你不难,只是我没钱,如有半枚铜钱,我就可以告你!"胡县令想也没想,呵呵笑着叫人拿来凿子和一枚"道光通宝",亲自把钱一凿为二,满不在乎又略带讥讽地说:"看你如何告我?"娄师爷闷声不响地接过半枚铜钱后,满脸威严地对胡县令说:"物证在此,我告你毁坏国宝,欺侮皇上,看你该当何罪?"说完捏着半枚铜钱转身就走。胡县令一听,吓得冷汗直冒,两腿发抖,连忙起身下堂拦住娄师爷,低声下气地说:"娄兄慢走,下官知罪,下官知罪!"娄师爷强忍住笑,客客气气地道了一声"告辞",便扬长而去。胡县令这次连吓带气,大病了一场,再也不敢同娄师爷较量了。

(四)章师爷一字千金

清朝同治年间,河南商丘某县令自恃才高学富,十分自信,不聘用刑名师爷,诸多案件都亲自审理呈报。一次,在上报一件重大盗窃案件时,呈文里有"卑职勘得,毫无疑义"之句。主管河南全省司法的按察使见了这八个字,气不打一处来:如此自以为是,还用我鉴别核准吗?小小县令,竟然如此狂妄,目无上司!他马上下令将商丘令提拿到省城按察使司衙署,交付负责狱典的经承之吏查办。

听说即将戴枷责罚,商丘令急得像热锅上的蚂蚁团团转。幸亏跟随在扣押处的贴身侍从出了个主意,去托商丘最有名的绍兴章师爷重写理案呈文。为保自己的乌纱帽和免受牢狱之苦,商丘令接受建议,让贴身随从立即赶回商丘,无论师爷索要多高酬金,只要能使自己转危为安,都可以答应。章师爷看了商丘令原呈文底稿后,笑笑说:"这事虽说有点难,但我能办到,不过得一千两银子做酬金。"县令的随从代县令答应了,并在师爷拟撰的合同上签了字,盖上了商丘令托他带去的私章。章师爷收起合同后,这才重抄了一遍呈文原稿,只改动了其中一个字,即把"毫无疑义"改成了"似无疑义",交给县令随从。那随从连夜骑马赶赴省城。商丘令再次将审案文稿呈送给按察使。按察使见此呈文,颇为满意,便提笔批道:准予核转。商丘令因此获得自由,重回原地做官。通过这次挫折,商丘令再也不敢轻视绍兴师爷了。于是他重金聘用章师爷,协助断案撰稿。

章师爷一字千金之事，一时传为美谈。

(五)胡师爷改一字救众人

清代通州知府府衙有一个师爷，叫作胡长龄，是一位精通律法、能通人心的文字高手。

有一次知府抓了十几个强盗。这十几个人都是山里面的穷苦人家，实在是没饭可吃，全家都要饿死了，就一狠心，咬牙做了一回强盗，直接去了一个地主家里，把他家的粮食和银子给抢光了。结果地主报了官，这些人就被抓住了，全都要处死。胡长龄觉得这些人太过可怜，为了不饿死去抢粮食实在是情有可原。

当时他们的供词写着：纠集众人自大门入，拿走了地主家的粮食。胡长龄向知府求情说，这些人只是被逼无奈的穷人，初次作案，不是惯匪，要是全杀了，他们十几个人的家老幼小都得活活饿死。

知府有些犹豫，胡长龄说我只求给他们的供词加上一点就好了。知府一听这个确实不算过分要求，也没人能注意到，就同意了。胡长龄就把"自大门入"的"大"上加了一点，改为了"自犬门入"，这一点之改，意思大变。

纠集众人从大门而入，就是抢劫的强盗，得判死罪。自犬门入，从狗洞里钻进去，这就是胆小的小偷，判死罪显然太重了，于是这十几个人都被判了刑，但是没有一个死刑。

胡长龄一念之仁，救活了十几个人。

(六)绍兴师爷计除安德海

同治八年(1869)，久在宫闱的太监总管安德海想出宫游玩并借机敛财，遂借口预备同治帝大婚典礼，再三请求慈禧太后派他到江南置办龙袍、预备宫中婚礼所用之物，获得慈禧太后许可。有了太后的支持，安德海置清朝不许太监擅出宫禁的祖制于不顾，带领着一班随从，前呼后拥地出京了。

当时清朝政府腐败，地方官员多数是趋炎附势之辈，听说钦差奉旨督办龙衣，钦差过境自然跪迎跪送。况且这位钦差又不是一般人，是权倾朝野、一言九鼎的西太后慈禧身边的红人安德海，一路上没有一个官员敢得罪他，都唯命是从。安德海更是趾高气扬，不可一世，敲诈勒索地方官员。地方官员为保官帽，都忍气吞声、委曲求全，安德海要白银一万两、黄金一千两，他们不敢少一两。安德海一路上要尽威风，大肆索取金银财宝、古玩字画。

他从河北南下山东，船过德州。山东巡抚丁宝桢闻知安德海私自出京违反祖制，更难容忍他一路上大肆索贿，拍案大怒，找来绍兴师爷马化龙商议，如何除掉这个恶贼,为国除奸,为民除害。绍兴师爷马化龙微微一笑说:"大人,安德海是西太后身边红人,若要除他必须用计。"丁宝桢点点头说:"马师爷请讲。"绍兴师爷马化龙一手捻着山羊须,一手摇着纸扇说:"大人,属下有一计,既可保大人前程无事,又可除掉安德海这条毒蛇。杀安德海此事非同小可,除不掉安德海,大人就会大祸临头。若要万全之策,必须用'借刀杀人'之计。大人可先用夹单秘禀,用八百里加急,把安德海假借皇命私自出京违反祖制和沿途勒索官府密报给东太后慈安。这夹单非正式奏章,军机处不用登记,西太后暂时不知。若东太后有懿旨,大人即可拿获安德海,就地处决。"丁宝桢听了马师爷一番言语连连点头说:"此计甚妙!"

当下丁宝桢立即写好奏折,呈报东太后慈安。东太后慈安接到了丁宝桢的密报,她平时也看不惯安德海,只因碍着西太后的面子才任他胡作非为,现在安德海私自出京违反祖制,正好借机处置,就下密旨要丁宝桢拿下安德海就地处置。丁宝桢接到东太后慈安的懿旨,立即命布政司代表他请安德海到山东巡抚衙门,又密令总兵王海带一千军士,待安德海离开立即锁拿安德海随行人员,搜缴船中一切之物。安德海闻山东巡抚丁宝桢来请,心想大约又有金银财宝可进账了。他就满心欢喜地坐着八人抬的大轿,与布政司前往巡抚衙门。等安德海离开大船,总兵王海就带领一千军士把三艘官船中的男女随行人员及六十名禁军一并擒拿,并收缴安德海沿途索贿的金银财宝、古玩字画等物。

再说安德海到了山东巡抚衙门,不见丁宝桢前来迎接,下轿后就阴阳怪气地说:"丁宝桢好大的架子,见了皇帝派的钦差大臣竟敢如此无礼,难道不怕咱家告御状吗?"布政司忙赔笑说:"安公公,丁大人大堂有事,请不要见怪,里面请!"安德海手拿净宫帚,随布政司大摇大摆往大堂而来。安德海一到大堂,见丁宝桢面沉如水、冷若冰霜,他的身后站着绍兴师爷马化龙,上首军政司手捧东太后慈安懿旨,下首中军官手执尚方宝剑,两旁文武官员站立阶下,武士手执明晃晃亮晶晶的钢刀,刀斧手、捆绑手挺胸凸肚,杀气腾腾。大堂一片肃静,鸦雀无声。

安德海见此场面,不禁倒抽了一口冷气。他知道情况不妙,但既然进入里面也不好回去,也不可能回去,只得上前皮笑肉不笑地向丁宝桢施礼说:"丁巡抚,咱家有礼了!"丁宝桢一拍帅案说:"安德海你可知罪吗?"安德海冷笑一声说:"丁宝桢,咱家奉旨督办龙衣,何罪之有?"丁宝桢满面怒容地说:"安德海你违反祖制,违背太监不准离京的圣训,沿途又敲诈勒索地方官员,到处扰民,罪不可恕。军政司何在?"军政司上前一步,低头说:"大人,卑职在。""宣读东太后懿旨!""是!"军政司当众宣读东太后懿旨:"安德海违反祖制私自出京,命山东巡抚丁宝桢拿获就地处置。"丁宝桢下令道:"来呀!去掉安德海四品蓝翎顶戴,脱下官服。"两名武士上前,就把安德海蓝翎顶戴取下,脱下官服。不料安德海身上露出西太后慈禧所赐的咸丰皇帝留下的龙衣黄马褂,上面绣着五爪金龙。安德海在大堂上发出一阵狂笑说:"丁宝桢,你睁开狗眼看看,咱家穿的是什么衣服?这是先帝黄马褂,还不下来跪见!"丁宝桢突然见到先帝咸丰的黄马褂,如见先帝亲临,吃惊不小,头上冒出冷汗,不知所措。大堂上文武官员目瞪口呆,呆若木鸡。这时,绍兴师爷马化龙上前在丁宝桢耳边说了几句。丁宝桢转忧为喜,一拍惊堂木说:"好大胆的安德海,竟敢咆哮公堂!中军官!""有!""请出先帝所赐的尚方宝剑。""是。"中军官高举尚方宝剑,丁宝桢厉声说:"先帝有旨,安德海违反祖制,脱去安德海身上黄马褂!"武士上前脱掉安德海身上的黄马褂。这时,安德海就像泄了气的皮球一样瘫倒在地。他跪在地上叩头,像小鸡啄米一样,苦苦哀求丁宝桢:"丁大人,小人知错了!安德海再也不敢了,丁大人饶奴才一命吧!"

正在这时,门官来报:"丁大人,西太后懿旨到,请大人接旨!"安德海听到西太后懿旨到,就像捞到救命稻草一样,突然从地上跳起来,发癫般地手指丁宝桢大骂:"丁宝桢,你这条老狗欺辱咱家,当今皇帝也不敢拿我,你真是无法无天。待咱家回到宫中,一定要诛灭你九族,方泄我心头之恨!"此时,丁宝桢真是进退两难,束手无策。绍兴师爷马化龙又上前来说:"大人可后门处置安贼,前门奉迎懿旨。"师爷马化龙一言点醒丁宝桢。丁宝桢立即下令刀斧手速将安德海推出后门斩首!安德海吓得魂飞天外,魄散九霄。刀斧手一拥而上,把安德海拖到后门,手起刀落,安德海头颅落地。然后,丁宝桢带领文武官员前门接旨。太监宣读西太后懿旨:"山东巡抚丁宝桢听旨,安德海私自出宫,违反祖制,命禁军押送回京处置。"丁宝桢接旨后告诉钦差太监说:"卑职奉东太后之命,已处置安德海。"说完,就叫人把一颗血淋淋的人头用匣子盛着叫太监带回京师。

这就叫作多行不义必自毙。

三、日本幕府:主从关系发展演化

(一)日本幕府历史发展

日本幕府出现源于武家政治兴起,而武士则是武家政治存在的基础,与天皇所代表的公家政治形成对勘。

武士产生并作为一个阶级形成,具有深厚的社会经济、政治、军事等方面的因素。首先,是经济上争夺土地。改变日本历史发展方向的武士,最先是作为庄园主看家护院的保镖和打手而出现的。庄园出现后,围绕着土地和土地上的利润,庄园主之间保卫和扩大庄园土地的矛盾,庄园主与国衙官吏之间侵吞"公领"和收回"公领"的矛盾,庄园主与庄民之间分配土地上利润的矛盾,愈演愈烈。特别是庄园主与庄园主、庄园主与国衙官吏的斗争,涉及庄园的生存利益,乃是不可调和的生死存亡之争。于是,各方寻求武士解决土地纷争。其次,是政治上争夺权力。武士产生的政治原因是皇权旁落,出现武力争夺政治权力的需要。9世纪中叶到11世纪中叶的摄关政治时代,天皇大权旁落,藤原氏长期垄断摄政、关白二职,掌握实权,形成专权局面。1068年,与藤原氏没有姻亲关系的后三条天皇即位,联合反藤原氏的势力,打击藤原氏。1086年,白河天皇让位给年仅8岁的堀河天皇,自己成为上皇(后出家,称法皇),在其居住的宫殿内建立院厅继续执政,院政取代摄关政治。藤原氏以源氏武士团为武力支柱,排除异己,巩固摄关家的权势。上皇则借助平氏武士团的武力,打击藤原氏,建立起持续一个世纪的院政。最后,是军事上军备废弛。班田制的瓦解和中央集权制的衰弱,动摇了征兵制的基础,班田农民的分化和逃亡日益加剧,军团兵员大减,战斗力严重削弱,征兵制日趋松弛,由此导致地方发动武装叛乱,公开与天皇朝廷为敌。国家此时已经衰弱到无力镇压地方叛乱的地步,需要借助私人的武装力量——武士。国家军事基础崩溃后,私人的武装力量代之而起。

在平安时代,在争夺土地资源与政治权力过程中形成的武士团大致可以分为庄官级武士团、豪族级武士团和栋梁级武士团。在庄官级武士团中,宗族子弟称"家子",相当于后来所称的"亲藩"家臣,构成武士团的核心;非宗族子弟称"郎党""郎从",是武士团的基本力量。一个豪族级武士团,下辖若干个庄官级武士团。在武士团的合并中,武家栋梁进一步统合支配中小武士团,将中小武士团的首长变为自己的郎党、家人,构成一个大武士团。地区性武士团的形成,标志着武士的力量由分散走向集中统一,分散在各庄园的武士聚集在该地区众望所归的豪强贵族的旗帜下,形成强大的社会势力,在国家政治生活中产生越来越大的影响。

日本幕府中最先建立的是镰仓幕府。1180年,后白河法皇的次子以仁王,发布号召以源氏为核心的各地武士举兵声讨平氏的"以仁王令旨"。源赖朝将从属于自己的武士作为御家人组织起来,并在家臣中确立起"御家人勋功之赏,须听命赖朝定夺"的规矩,与御家人结成生死与共的主从关系。在平定平氏叛乱的同时,源赖朝还在关东的镰仓(今神奈川县东南部)开始了武家政权的建设工作。1180年,设立以亲信和田义盛任长官的军事警察机关"侍所"(最初是统率御家人的机关),管理臣属武士;1184年,设置以政治家大江广元任长官的行政机关"公文所"(后又改称"政所"),掌管行政事务;1185年,设置以法律家三善康信为长官的司法机关"问注所",处理诉讼和审判事宜。1185年11月,源赖朝就获得了派任守护、地头的权力,事实上掌握了国家的军警权力和东国的土地管理权、地租征收权。1189年,源赖朝率军北上奥州,战胜藤原太衡,控制了自"后三年之役"以来藤原氏苦心经营了一个世纪的黄金产地——奥州,设"奥州总奉行",基本肃清了与源氏抗衡的武士势力,在军事上统一了日本。1192 年 3 月,旧势力的顽固捍卫者后白河法皇死去;7 月,后鸟羽天皇正式任命源赖朝为"征夷大将军"。

继镰仓幕府之后,室町幕府得以建立。镰仓幕府末年,后醍醐天皇率先举起反旗,策划倒幕活动。1333 年,足利高氏为了取代北条氏而背叛镰仓幕府,与后醍醐天皇合作;同年 5 月,消灭幕府在京都的代理人六波罗探题,占领京都,与其他势力一起灭亡镰仓幕府。足利高氏由后醍醐天皇赐名"尊氏"。1335 年 8 月,足利尊氏对天皇的"中兴政权"举起反旗。1336 年,足利尊氏在京都拥立光严上皇的皇帝丰仁亲王为天皇,称光明天皇,建立起足利氏武家政权。被废黜的后醍醐天皇逃出京都,在大和的吉野(今奈良县南部山岳地带)建立政权,以正统自居,与北方的京都朝廷对立。这样,便出现了两个对立的朝廷——南朝(吉野朝)和北朝(京都朝),日本历史由此进入"南北朝"时代(1336—1392)。1338 年,足利尊氏从北朝光明天皇手中获得"征夷大将军"的称号。

最后是德川幕府,它在日本的三个幕府中是统治时间最久、统治制度最完善以及统治秩序最稳定的。德川幕府的创立者德川家康出生于关东一个世代豪族的家庭,原姓松平,1568 年奉敕改姓德川。其父松平广忠是三河(今爱知县)冈崎城主,相当于中等大小的战国大名,身边有一批生死与共、累代臣事的家臣。德川家康本人武艺超群,韬略过人,作为松平广忠的长子,6 岁起先后在敌对家族织田信秀和今川广元家当人质。长达 12 年的人质生涯,使在艰苦而险恶的环境中成长起来的德川家康养成了坚韧不拔的性格,练就了丰富的政治经验。1560 年,今川义元在桶狭间之役中战死,德川家康脱离今川氏返回冈崎,并成为德川氏的首脑,归附胜利者织田信长。1568 年,德川家康已拥有整个三河。1590 年,德川家康协助丰臣秀吉剿灭关东地方的强大势力北条氏,战后获得领地 242 万石,成为江户的城主。1598 年,德川家康任丰臣政权"五大老"之首席,在丰臣秀吉死后掌握了政治实权。1600 年,以德川家康为首的东军在"关原之战"中大败石田三成、小西行长率领的西军,天下已无势力能同德川家康抗衡,德川氏对全日本的统治地位随之确立。1603 年,德川家康被天皇任命为"征夷大将军",开创德川幕府。

(二)日本幕府主从关系架构

在平安时代,庄官级武士团的构成原理,一是横向的家族关系,一是纵向的主从关系。在横向的家族关系中,庄官为本家和一族的族长,称为"惣领"(总领),其余为分家(称庶子)。将家庭结构中的父—子—孙和家族结构中的本家—分家—孙分家,移植到武士的战斗组织之中,使武士团的结合更加牢固。家臣通过家族制度——寄亲、寄子(义父、义子)制度隶属于主君,主君对家臣的支配被赋予家长支配子女的性质,强化武士团内部的隶属关系。在纵向的主从关系中,本家是主人(主君)和上级,分家是从者和下级。从者包括宗族子弟"家子"和非宗族子弟"郎党""郎从"。主人给予从者土地并予以庇护,从者在战时和平时要对主人尽军事和其他义务,绝对效忠主人。

在镰仓幕府时期,主从关系架构的典范是御家人制度。御家人制度的基础是"惣领制",惣领即族长,故惣领制就是以惣领为中心,由惣领统率全族,强调氏族认同的制度。惣领制的基础是领地和财产的分割、继承。嫡子在领地和财产分割时所获的"惣领分"最多,剩余的分给庶子。由"本家""分家"构成的血缘集团称为一门、一族、一家、本家,首长为"家督",其成员为"庶子"或"家子",形成镰仓殿—惣领—庶子(家子)的主从关系连锁结构。惣领制虽为家族的结合,但并不排斥无血缘关系的小领主作为"家子"加入,结成模拟式的血缘关系。家督(惣领)一职原则上由本家的嫡长子继承。但如果嫡长子不具备担任家督的品质和能力,则由长者从其他子嗣中选拔,此谓"选拔的嫡子"。此外,镰仓殿和御家人结成主从关系的基础,是将军的"御恩"(即恩赐)和"御家人役"的"奉公",其中各自包含相关内容。另外,奉公义务由侍所通过守护按各人的领地分配。奉公必须认真,不得懈怠,否则将视情节受到削弱封地,剥夺身份,甚至没收领地和处死的惩罚。

在室町幕府时期,主从关系架构表现为脆弱性和断裂性。首先,相比于镰仓幕府,室町幕府的建立并非内战结束的产物,幕府建立后又开始了新一轮旷日持久的战争,外有南北朝半个世纪的武装对立,内有足利尊氏兄弟的战争、足利氏一族的内讧、将军与守护大名、守护大名之间的战争。其次,相比于镰仓幕府的御家人制度,室町幕府是依赖守护大名的武力建立起来的守护大名的联合政权,室町政权统治体制的重要环节——守护大名,很多在室町幕府建立前就是实力雄厚的地方军事集团首领,其权力、地位和利益主要依靠自身军事实力。再次,从"御恩"与"奉公"这一对互惠性关系来看,室町时代,特别是室町幕府后期实力至上的时代,武士的领地、权力和地位统统取决于自身实力的大小,下级武士往往只与实力强的上级武士结成主从关系。就连幕府将军与守护大名之间名义上的主从关系,也不过是暂时的实力平衡关系,实力一旦发生变化,守护大名便反叛幕府。同样,守护大名与属下家臣武士的关系也是如此。由此导致"下克上"现象频繁出现。最后,室町时代在长期战争中重新组合的武士团,血缘关系、家族关系愈来愈弱,地缘关系愈来愈强,主从关系失去了血缘关系、家族关系的有力支撑,主君也逐渐失去了一门、一族家长的权威,不再是主君、家长一身二任。

在德川幕府时期,主从关系表现为幕府将军与大名、大名与武士的相互关系,其中以大名尤为关键。德川幕府时期的大名包括亲藩大名、谱代大名和外样大名。亲藩大名是与德川家有血缘关系的藩领，被分封于经济富庶之地或军事要冲，目的在于令德川家掌控资源以巩固统治。其中"御三家"出自德川家康之子义直、赖宣和赖房，他们是尾张名古屋、纪伊和歌山、常陆水户三藩的藩主，门第特殊，地位最高，准许姓德川，在将军无嗣时可以出继嗣。"御家门"是其他将军的分家和御三家的分家，以姓德川的"御三卿"为首。此外，就是德川氏旧姓——松平的亲藩大名。谱代大名是关原之战以前一直追随德川家康的大名，地位仅次于亲藩大名。有学者认为，德川家康取得天下的一大原因就是三河时代的谱代家臣团的强固组织。德川氏的这些谱代家臣，既是忠臣，又是能征善战的虎将。谱代大名深得德川将军信任，构成德川幕府强大军事力量的中核，幕府的职位原则上也由他们担任。外样大名是关原之战后归顺德川家康的大名。根据他们的出身，外样大名又可细分为"上方众"和"国众"两部分。他们在德川氏的天下处于傍流地位，但在关原之战中与德川家康一起战斗，为德川氏霸权的确立立下大功，战后得到很大的增封。外样大名不被将军信任，将军对他们的打击最重、防范最严，将他们安置在边远地区和幕府认为军事上、经济上无足轻重的地区，在其周围又安置谱代大名进行监视，防止他们相互联系，对幕府构成军事威胁。除人数众多的亲藩和谱代大名外，德川氏的权力基础还有直属家臣旗本（5000余个）和御家人（17000余个）。

在德川幕府时期，主从关系之所以非常稳定，除了上述亲藩大名、谱代大名和外样大名详细划分之外，还有石高分封制起到重要的稳固作用。德川幕府通过石高分封制，将全国土地所有权集中于将军一人之手，大名的土地所有权演变为地租征收权，家臣的土地所有权演变为藩库中的禄米，除将军外，各级武士都丧失了经济独立性。石高分封制使封建时代人与土地的结合演变成了人与主君仓库中大米的结合，主从关系的基础或纽带，已不再是土地，而是一定量的禄米。大名的土地所有权表现为以石高为基准的地租征收权，切断了大名与土地的联系，大名也成了可以任意挪动的"盆栽花木"。领地被看作是幕府交给大名管理的，将军可以对大名的领地进行转封、减封、削封，甚至没收地租征收权。地租征收权的继承经将军同意，自祖先以来通过实力获得的土地也必须经将军重新确认，大名无权像中国的封建地主那样自由分割、转让和买卖土地。石高分封制扬弃了在地制，使主君牢牢掌握家臣武士的经济命脉，忠诚、服从、奉献成了家臣武士获取生活来源的唯一途径，为将军统御大名、大名统御家臣武士提供了物质手段，危及幕府统治的离心势力成了无本之木、无源之水，冻结了封建割据与混战。主从关系演变成了家臣单方面对主君的无限忠诚，强化了家臣对主君的服从与效忠，巩固了建立在忠诚、服从、奉献之上的武家军人统治的制度结构。

(三)日本幕府权力基础

在平安时代,主从关系以利益为基础或纽带,是主君之"御恩"和从者之"奉公"的交换关系,尚未形成明确完整的政权组织架构,即统治的权力基础。

在镰仓幕府时期,御家人制度形成了主从关系的权力控制,同时还正式揭开了幕府与朝廷同时并存的"二元政治"格局。一套是公家的天皇—朝廷—国司—郡司,另一套是武家的将军—幕府—守护—地头。守护是幕府设置在各地国衙内的政治代表和军事首领,是维护幕府政治的重要职位,地位相当于京都朝廷的国司,原则上各国设1名。守护一职设于1185年,平时统管国内御家人,维护地方秩序,组织御家人履行警卫京都和镰仓("京都大番役"和"镰仓大番役")的义务,战时作为该国御家人的军事指挥官统率御家人出征。后来,守护逐渐取代国司的职权,不仅掌管地方军务,维持治安,而且全权处理辖区内寺社、交通道路等行政事务。守护是地方各国有实力的御家人,他们不仅干预国衙的政务,剥夺国司的行政权,而且常以行使警察权为名,侵占原有国有土地和贵族庄园的土地,使自己成为占有大量土地的守护大名。而地头本是庄园领主在现地所设的一种庄官,由当地有实力的名主担任。地头构成幕府统治体制的基本要素。通过向全国公私庄园派驻地头,幕府的权力伸展到了全国。地头的职权一是维持庄园治安秩序的警察权,二是管理土地、征收租税和军粮的收租权。同时,地头有权以征收"公粮米"的名义为自己从公私庄园征收稻谷作为薪俸。地头的设置曾遭到庄园主的反对,但是承久之乱后,幕府势力有了划时代的增强,没收了与动乱有牵连者领地三千余处,分赏给了有功的寺社和将士,因此大量补充了新地头。总而言之,幕府的地方政权机构,实质上是建立在守护、地头作为家人从属于将军的关系之上的,说明私人间的主从关系正式成了国家的政治制度。

在室町幕府时期,辅佐将军的最高机关是管领,1362年前称执事,相当于镰仓时代的执权,但实权小于执权,只辅助将军处理具体事务,一切重大事情均由将军决策。管领之下的事务性机关是政所、问注所、侍所。政所管理幕府的财政、将军的家务和一般民事诉讼等,长官称"执事"。在二阶唐氏以后,政所执事一职成了伊势氏家族的世袭职务。问注所负责保管幕府的文书记录,裁决有关文书的真伪、散失等。问注所的长官也称"执事",该职务由町野氏和大田氏两个家族世袭。侍所是管理武士的机构,负责京都内外的警卫保护、武士的升降和刑事制裁等。侍所的长官称"所司",拥有仅次于管领的实权,从山名、赤松、一色、京极四个家族中任选,这四个家族被称为"四职"。幕府的地方政权机构除了在各国设置守护外,还在重要地区设置专门机构,如在镰仓设镰仓府控制关东10国(关东8国和甲斐、伊豆2国),在奥羽设奥州探题(后又设羽州探题),在九州设镇西探题(也称九州探题),统辖当地民政和军事。14

世纪后期以降,守护成了有自己的领地、统治农民、与国内武士结成主从关系的武士大封建主,即日本历史上所称的"守护大名",其国也被称为"领国"或"分国",守护大名领国制开始形成。与此同时,庄园制则日益走向衰落。

在德川幕府时期,幕府的最高官职是大老,它不是分管和常设的职务。大老不仅要处理重要大事,而且在将军年幼时,还要代替将军裁决政务,相当于朝廷中的摄政、关白、太政大臣一职。老中和若年寄是总揽幕府政府的最重要的官职,由谱代大名担任,定员是 5 至 6 人。老中签署幕府的命令,管辖大名和幕府高级官员,处理朝廷的事务及财政、土木建筑、对外交涉等各种事务。若年寄辅佐老中执行政务,并统辖旗本和御家人,负责处理日常的建设工程和城中的各种庶务。此外还有御用人一职,担任将军的侍卫,把将军的命令传达给老中,再把老中的意见上报给将军。仅次于老中和若年寄的重要官职是寺社、町、勘定三个奉行以及大目付、目付。幕府直辖地的地方机构设有京都所司代、城代、远国奉行、郡代、代官等职。在幕藩体制下,幕府将军虽然是大名们的君主和全国的最高统治者,但他并不是作为直接的统治者君临天下。德川氏对全国的统治是通过将军统御大名、大名统御领国实现的,将军把天领(将军的直辖地)以外的土地分封给大名,让大名成为大名领国的君主。大名的藩国,也仿效幕府的权力机关,建立起一整套独立的藩政机关。大名之下设有总理藩政的家老(相当于幕府的老中),其下设郡、町、寺社等奉行。

(四)日本幕府消亡原因

在镰仓幕府时期,主从关系以主君的"恩惠"和家臣的"奉公"为基础,武士之魂——主从关系的责任与义务实际上是一种交换关系,润滑剂是主君对家臣武士经济生活的保障,倘若润滑剂消失,家臣武士将很难继续履行主从关系的责任与义务。纵观其走向消亡的原因,主要包括以下几点。首先,是武士阶层的分化。少数守护、地头等特权御家人,利用幕府权威和自身的职权,侵占庄园土地,将地头等武士作为自己的家臣,与自己结成主从关系,成为拥有大量土地和家臣的武士大封建主——守护大名。其次,是抗元战争加重御家人负担。镰仓幕府因拿不出土地来赏赐抗元斗争中有功的武士,破坏了"御恩"与"奉公"的规则,引起了御家人的普遍不满。为了弥补战争造成的经济损失,恢复实力,部分御家人加紧侵占"公地",蚕食庄园,加速了地头、庄官等既脱离"本所""领家",又脱离幕府,形成独立的封建领主的过程。再次,是御家人制度的崩溃。大多数御家人因战争负担而穷困没落,甚至不得不将土地典当给高利贷者。幕府为了防止御家人没落,曾在 1297 年颁布《德政令》,规定禁止买卖、典当御家人的领地,非御家人和商人买得的御家人的领土须无偿归还原主,此后不再受理有关向御家人贷款问题的诉讼。然而,由于《德政令》引起经济混乱,商人抬高物价,高利贷者不再向御家人通融资金,《德政令》颁布不到一年幕府就不得不将它取消。御家人的贫困没落加速了御家人制度的崩溃,许多御家人背叛不可信赖的幕府,转而与守护大名结成主从关系,撼动了"御家人直属幕府"的根本原则。13世纪末、14世纪初,各地势力强大的守护等有实力的御家人,开始了反对幕府的斗争。最后,北条氏时代"得宗"(北条氏嫡系家族)专制、重用"御内人"(外戚和北条氏的家臣)。"御内人"同旁系御家人"外样"的尖锐对立,终于导致"御内人"代表人物内管领同"外样"代表人物安达泰盛之间的战争。内战削弱了御家人的力量,进一步加剧了御家人之间的矛盾,而末代执权北条时高又恰恰是一个无所作为之辈,耽于游宴,荒废政事,由此导致镰仓幕府逐渐走向消亡。

在室町幕府时期,由于主从关系的脆弱性和断裂性,特别是在足利义满死后,幕府内部、幕府与守护大名之间的矛盾迅速激化。1441年,播磨守护赤松满佑在私邸家宴上刺杀将军足利义教(嘉吉之乱)。1467年,因将军继嗣问题,以足利尊氏同族山名宗全(亦称山名持丰)和细传义元为首的两大军事集团对立,20多万大军以京都为主要战场在全国各地混战。1477年,历时11年的应仁之乱结束,但是大名和武士们争夺领地的全国性战乱却没有停止。新兴军事家族——战国大名,在所谓"下克上"的实力主义浪潮中,凭借武力迅速崛起,争夺霸主地位,日本又进入持续百年的战国时代。

在德川幕府时期,尽管幕府主导的幕藩体制在各个方面都较为完备,但还是在内外交困的局面中逐渐走向衰亡。主要原因包括以下几点。一是严格的等级制度虽然维护了封建统治,但也激化了社会矛盾。二是长期的闭关锁国政策,造成了近代日本的落后。三是资本主义萌芽产生和发展,冲击了封建自然经济。特别是在1853年,美国海军将领佩里率领舰队两次闯进江户湾,迫使日本开港通商(史称黑船事件)。德川幕府屈服于西方列强的军事压力,连续签订了很多不平等条约和协定,出卖了大量的国家主权和民族利益。大批农民和手工业者因为外货倾销而纷纷破产,日本人民受到双重压迫和剥削,处境更加痛苦。幕府成为社会讨伐的目标,日本封建阵营出现分化,一些中下级武士提出"尊王攘夷"的口号,刺杀主张开国的幕府当权者,袭击外国人,但由于种种局限性和受到幕府及西方列强的镇压,宣告失败。人们开始认识到要真正富强,就要推翻幕府统治,倒幕运动开始了。

四、中外比对：打工与世袭

（一）遴选与世袭

绍兴师爷所代表的中国幕府文化体现"打工"特征，宾主之间义利交合，实际上是雇佣关系。日本武士家臣所代表的日本幕府文化体现"世袭"特征，幕府将军与大名、大名与武士之间的主从关系存在某种血缘关系或模拟血缘关系，通过"御恩"与"奉公"体现各自的权利、义务。这使得两者的主从关系呈现不同特征。

绍兴师爷具备刑名、钱谷等专业知识和技能，通过"得馆"入幕实行"佐官以治"，但在这一过程中与主官保持一定的宾主情谊，具有相对独立性。正如清代名幕汪辉祖所言："合则留，不合则去，是处馆要义。"如何保持独立性？首先是须慎交，其次是勿攀援，最后是择主宜慎。汪辉祖认为，幕友选择人品、官品皆佳的主官可以获益，"幕宾之作善作不善，各视乎其所主。宾利主之谋，主利宾之才，其初本以利交，第主宾相得，未有不以道义亲者。……所主非人，席不暖而遽去之，不若于未就之前，先为慎重"。对于幕道的原则，汪辉祖总结说："幕之自爱，要在廉、慎、公、勤。"其中，"公"是基础，所谓"宾主之义，全以公事为重"，是汪辉祖幕学思想的精髓所在。佐治非易事，难在为主官私人办事的活动中要明确区分公私，尽心尽力办好公事，而决不能沦为主官营私舞弊的工具。

日本武士家臣具备弓马、骑射等专业技能，组成武士团，与大名、幕府将军等结成主从关系，但是这种主从关系以"御恩"和"奉公"之权利、义务关系为前提和基础，具有不稳定性。发生战争时，主人往往"以恩赏作诱饵钓取忠义"。而在保留至今的许多军功状——报告战功、要求恩赏的文书中，随处可见主人制裁不承担奉公义务的家臣和主人不兑现恩赏许诺、从者直接要求恩赏的事例。

（二）文人辅政与军人专政

绍兴师爷所代表的中国幕府文化是典型的文人辅政，而日本武士家臣所代表的日本幕府文化则是典型的军人专政。

绍兴师爷为主官出谋划策，发挥补缺、正误、救弊等作用，从而进行"佐官以治"。《中国的师爷》一书中，如此述说师爷的社会功能：清代的师爷极为活跃，他们在清代官场上和清代社会中的作用极为重要。他们是幕主的亲信、智囊、私人助理，幕主将他们"倚为左右手"，委以重任，襄办一切，不可或离。他们本身虽然不是官，但是"操三寸管,臆揣官事"(《佐治药言·立心要正》),所办的都是重要的官府公事。他们手中掌握了相当一部分官府的实际权力,虽说是"佐官以治",实际却在很大程度上是"代官出治"。他们的活动对于当时的政治生活和社会生活产生了极为重要和深刻的影响。

日本武士家臣与大名、幕府将军等结成主从关系,形成幕府武家政治格局,成为日本幕府时代一股重要的政治势力。纵观镰仓幕府、室町幕府和德川幕府兴衰,上述主从关系成为幕府武家政治稳固的"拱心石"。一旦主从关系发生变异,幕府武家政治统治便有倾覆之虞。为了改变这一现象,武家统治者的家训纷纷指向武家主从关系的传统道德,企图借此恢复和重建武家统治秩序。1383年所作的《竹马抄》认为,身为武士应加强文武道德修养,主张"人生在世,不可忘记主恩""为主君献出生死乃武士之本意",强调无条件地忠于主君。1412年所作的《今川了俊制词》,总结武将的治家经验,指出执政者施行政道加强自身修养的基本要素,如"不知文道,武道终不得胜""明辨善恶,赏罚分明""为臣尽忠,为子尽孝""既生武家,必传武事"等。

武家传统道德(又称"武士道")逐渐向日本社会各阶级渗透,成为影响日本国民性的一种精神力量,甚至成为日本近代冒险走上军国主义对外侵略扩张道路的精神指引。反观文人辅政的中国幕府文化,绍兴师爷从事幕业所提炼的幕道,更多的是一种从自身职业特性出发教人做人做事的道理。

(三)个人与机构

绍兴师爷所代表的中国幕府文化体现"个人"特征,而日本武士家臣所代表的日本幕府文化则体现"机构"特征。

绍兴师爷与主官是宾主关系,双方义利交合,彼此以礼相待。绍兴师爷凭借自身过硬的知识和技能,博得主官的信任,在地方官员决策中发挥举足轻重的作用。因此,主官往往以高薪聘请绍兴师爷,且在日常生活中不敢怠慢,充分体现对绍兴师爷的倚仗和尊重。例如,清末绍兴有位胡师爷从幕于浙江府署,有次回老家在大云桥买菜,碰上知县轿子迎面而来。府衙皂役鸣锣呵斥,正要对未及时回避的胡师爷动手时被知县瞧见,知县对皂役厉声呵斥,又从轿子中慌忙跑出来亲自赔礼道歉。

日本武士家臣服膺于主从关系约束,并且还有层层机构设置来体现这种约束性。镰仓幕府时期,主从关系以御家人制度为核心,区分"御内人"与"御外人",通过血缘关系和模拟血缘关系体现主从关系。在中央设置侍所、政所和问注所,负责管理武士家臣;在地方设置守护和地头,维持地方治安和地租征收,稳定社会秩序并且控制武士家臣的经济命脉。由此,主从关系所体现的"御恩"与"奉公"得以顺利实现。室町幕府时期,虽然在机构设置方面有所加强,但是由于主从关系失衡,特别是地方守护大名实力增强,导致武士家臣大量依附地方守护大名,使得幕府将军与地方守护大名之间形成对峙,由此产生混战局面。德川幕府时期,机构设置较为完备,形成所谓幕藩体制,有力维护幕府将军武家政治统治。尤其值得一提的是,德川幕府通过石高分封制,将守护大名的土地所有权变成地租征收权,同时以"禄米制"切断武士家臣直接获取经济来源,使得武士家臣只能效忠于幕府将军从而维持生计。

(四)辅佐与架空

绍兴师爷"佐官以治",目的在于通过辅佐主官合理决策进而维护封建统治;而日本武士家臣与大名、幕府将军结成主从关系,目的在于维护以幕府将军为首的武家政治统治,同时也架空了以天皇为首的公家政治统治。这是中日各自幕府文化的又一显著区别。

绍兴师爷因封建统治的加强而兴盛,同时也因封建统治逐渐走向衰亡而消失。日本武士家臣在幕府统治时期一直是维护幕府统治的中坚力量,当然其中也存在因为主从关系变异导致其成为侵蚀甚至摧毁幕府统治的不安定因素的情况。但是就大部分时期而言,日本武士家臣的存在成为幕府将军架空天皇公家政治统治的重要筹码。一个重要的例证是,1401年室町幕府将军足利义满与中国明朝建立关系,他接受明朝赠给他的"日本国王"称号,1403年他本人也在致中国皇帝的国书中署名"日本皇帝臣源"。反观绍兴师爷所代表的中国幕府文化,更多是对以皇帝为代表的封建正统秩序的维护,而不是反叛。

总而言之,绍兴师爷所代表的中国幕府文化与日本武士家臣所代表的日本幕府文化具有诸多的可比性,它们或许可以构成深入探究两国历史、人文、地理等复杂因素的"棱镜"。绍兴师爷作为一个独特的群体在中国历史上叱咤风云长达三四百年,其所传递的幕业、幕学、幕道等思想内容,既有基于其自身术业独特的理论和经验价值,同时也蕴含丰富的传统文化内涵,值得后世深入挖掘与思考。同时,日本武士家臣作为幕府时期武家政治统治的中坚力量,在历史上同样发挥了不可替代的作用,特别是近代随着明治维新开展,一些开明的中下级武士逐渐转变为维新派,更是在日后成为日本快速走向近代化的重要变革力量。但是后来日本在近代化取得巨大成功的刺激下和变异武士道精神的裹挟下,逐渐走上对外侵略扩张的军国主义道路,给中国乃至世界都带来惨痛的经历和教训。所以我们还要以史为鉴,通过深入挖掘绍兴师爷文化中的有益元素,对比中日不同幕府文化中所体现的各自特征,思考其背后的内容与机理,从而为世界贡献更多的中国智慧和中国方案。

课后作业：

    1.绍兴师爷与日本武士,各自在幕府中的地位如何?

    2.我们如今怎样才能更好挖掘并弘扬师爷文化中的精髓?

    3.收集绍兴师爷和日本武士的相关故事各一则,谈谈你对它们看法。

第七章　阳明文化——良知与信仰

　　王阳明的阳明心学一改宋明理学"存天理、灭人欲"的主张,认为"心即理也。此心无私欲之蔽,即是天理,不须外面添一分",强调"无心外之理,无心外之物";同时还指出"所谓汝心,却是那能视听言动的,这个便是性,便是天理",即一切事物的价值、意义只能由人心赋予,万物的存在离不开心体。而这恰好与三百年后叔本华的意志论有着惊人的相似性。西方长期以来以科学、理性为认识世界的唯一方式,而在文艺复兴之前,更是神凌驾于人之上,主宰着人类的命运。叔本华的一次宣言——"世界是我的意志"唤醒了深陷于理性中的人们,使人逐渐成为真正的人。

　　思想总是伟大的,它时常会超越时间、地域、民族的限制在主体间形成共鸣。阳明心学和意志论,虽然这两种文论的诞生相隔了三个世纪,两位作者又分属不同的国家,但叔本华"世界是我的表象,世界是我的意志"与王阳明"无心外之理,无心外之物"的主张却是不谋而合。他们张扬人性、心系生命、重情求真,他们把直觉、顿悟、体验作为认识世界的基本方式,他们是时代的代言人。

一、阳明人生:从挫折到"我心光明"

　　王阳明(1472—1529),名守仁,字伯安,浙江余姚人。因曾筑室会稽山阳明洞,自号阳明子,世称阳明先生。他是明代杰出的思想家、政治家、军事家,文治武功,成就斐然。在事功方面,他为官数十载,平定江西匪患、宁王之乱、思田盗贼,封新建伯,追谥文成;在思想方面,他集心学之大成,开创姚江学派,教书育人,门生遍天下。他提出的"知行合一""致良知"等命题都对后世产生了极大的影响。其思想远播日本、朝鲜等地。

　　王阳明虽出生于一个显赫的家庭,其父亲王华更是成化十七年(1481)状元,官至南京吏部尚书,但王阳明在其漫长的人生道路上却是一路挫折。他小小年纪时就一心立志成为圣人,经历重重挫折磨难,仍不放弃,最终达到"我心光明",成为一代圣人。

挫折一:5 岁仍不会说话

王阳明天生就有特殊的气质。据传,他的母亲怀孕 14 个月才分娩,在他诞生之前,他的祖母梦见天神衣绯玉,云中鼓吹,抱一赤子,从天而降,祖父遂为他取名为"云",并给他居住的地方起名为"瑞云楼"。

王阳明 5 岁仍不会说话,但已默记祖父所读过的书。有一高僧过其家,摸着他的头说"好个孩儿,可惜道破"。祖父根据《论语·卫灵公》所云"知及之,仁不能守之,虽得之,必失之",为他改名为"守仁",随后他就开口说话了。

挫折二:母亲去世

12 岁时,王阳明正式就读书塾。13 岁,母亲郑氏去世,幼年失恃,这对他来说是一个很大的挫折。但他志存高远,心思不同常人。

《阳明先生年谱》记载,有一天上课的时候,王阳明突然站起来,当着众人的面问了先生一个问题。要知道,古代极讲师道尊严,一般情况下小孩子都是被先生问,很少有主动向先生提问的。可王阳明不简单,当众就问了先生一个问题:"何为第一等事?"人生的第一等事也就是最重要的事是什么? 先生琢磨了一下,认真地回答他说:"惟读书登第耳。"意思是,人生第一等事,最重要的就是好好读书,然后考中科举、做大官,即学而优则仕。这在当时的知识分子看来是顺理成章、天经地义的事。结果王阳明摇摇头说:"人生的第一等事是读书做圣贤。"先生听了这话目瞪口呆,突然狂笑,然后对着王阳明摇摇头说:"你这个第一等事可真够高的。"

挫折三:父亲那座山

王阳明向老师提问的事后来传到父亲王华的耳里。有一天,他看到王阳明在院子里望天,若有所思,就笑着问他:"听说你要做圣贤?"王阳明对父亲点了点头:"当然。"王华大笑,说:"你把吹牛的功夫放到学业上,该多好。"王阳明有点恼怒,回问父亲:"圣贤怎么就做不得,您和老师都这样取笑我?"

王华看儿子急了,循循善诱地问他:"你知道什么是圣人吗?"王阳明说:"做圣人就是为天地立心,为生民立命,为往圣继绝学,为万世开太平的人。"王华说:"你虽然把北宋张载的这段'四为说'背得很熟,但那不过是理想主义者的呓语,你怎么就当真了呢?"结果这话一说出来,王阳明立刻说:"那孔子不就是这样的圣人吗?"王华正色道:"那孔子是什么人,几千年才出一位圣人,你跟人家能比吗?"王阳明立刻反驳说:"怎么就不能比,孔夫子是人,我也是人,他能做圣人,我凭什么不能做圣人?"王华语塞。王阳明因为和父亲的这番对话,更加坚定了自己做圣人的决心。

王阳明生于明朝中期,当时的大明王朝外患不断,既有倭寇时常侵扰东南沿海,又有北方的游牧民族屡屡进犯中原,所以立志要成为圣人的王阳明首先想到的是为万世开太平,于是练习骑射、研读兵书成了他每日的必修课。但在当时世俗眼中,王阳明是一个顽劣的小孩,尤其是在状元父亲王华看来,自己这个儿子不好好在学堂读书,整日只知道不务正业,实在不像话。可是每次训斥王阳明,他要么默不作声,事后依旧不改,要么出言反驳,道理讲得让王华都无言以对。

成长的烦恼不光是属于儿子的,也是属于父亲的。在儿子看来,尤其是青春期逆反的儿子看来,当爹的就会倚老卖老,从来不肯倾听孩子的心声。但是在父亲看来,当儿子的怎么样?那个年龄段就只会逆反,完全不明白自己为他的一片苦心。做父母的总是关心则乱,总是想让孩子少走一些弯路,殊不知这些弯路其实是人生成长必要的财富。年轻人又总是蔑视权威,而父亲往往就是在成长历程中遇到的第一个权威,尤其在中国文化环境里,父亲毫无疑问具有一种权威性。弗洛伊德的精神分析学告诉我们,一个男孩只有在精神层面战胜父亲这个权威,他的自我人格才能完全独立出来。所以,一个男孩要想成长,注定要翻越父亲这座高山,普通的父子尚且如此,就更不用说王华、王阳明这样一对极品父子了。但当真正翻越了父亲这座高山,看到山那边壮美的风景之后,一回头就会发现那座曾经的高山也是那么壮美,那么亲切,甚至那么温暖。王阳明在成人之后,也就是终于翻越了那座叫王华的高山之后,终身都非常敬佩、热爱甚至崇拜他的父亲。

挫折四:理学那道坎

弘治元年(1488),王阳明17岁时,他到南昌与诸养和之女诸氏成婚,可在结婚的当天,大家都找不到他。原来这天他闲逛中遇见一道士在那里打坐,他就向道士请教,道士给他讲了一回养生术,他便与道士相对静坐忘归,直到第二天岳父才把他找回去。弘治二年(1489),王阳明18岁时,他与夫人诸氏返回余姚,船过广信,王阳明拜谒娄谅。娄谅向他讲授“格物致知”之学,王阳明甚喜。之后他遍读朱熹的著作,思考宋儒所谓“物有表里精粗,一草一木皆具至理”的学说。为了实践朱熹的“格物致知”,有一次他下决心穷竹之理,“格”了七天七夜的竹子,什么都没有发现,人却因此病倒。从此,王阳明对“格物”学说产生了极大的怀疑,这就是中国哲学史上著名的“格竹”。

挫折五:被宦官所害,直面死亡

弘治十二年(1499),28岁的王阳明参加礼部会试,因考试出色,举南宫第二人,赐二甲进士第七人,观政工部,这是他仕途的开始。王阳明出使治葬前威宁伯王越,回朝后上疏论西北边疆防备等八件事,随后授刑部主事,在江北等地决断囚狱,随后因病请求归乡。弘治十七年(1504),起用授兵部武选司主事。

明武宗正德元年(1506),宦官刘瑾擅政,逮捕南京给事中戴铣、御史薄彦徽等二十余人。王阳明上疏援救,触怒刘瑾,被杖四十,谪贬至贵州龙场(今贵阳西北修文县境内)当驿丞。同时,他的父亲王华也被赶出北京,调任南京吏部尚书。

　　路途中,王阳明被刘瑾派人追杀,他伪造跳水自尽才躲过一劫。逃过追杀的王阳明暗中到南京面见父亲王华,王华对他说:"既然朝廷委命于你,就有责任在身,你还是上任去吧。"随后他踏上路途,来到贵州龙场,那里"万山丛薄,苗、僚杂居",还是未开化的地区。王阳明语言不通,生活非常困难,甚至居住的地方也没有,吃的东西也成了问题。王阳明没有气馁,根据风俗开化教导当地人,受到民众爱戴。在这个时期,他对《大学》的中心思想有了新的领悟。王阳明认识到"圣人之道,吾性自足,向之求理于事物者误也"。

挫折六:平定叛乱立大功却遭诬陷

　　正德年间,在江西、福建、广东、湖北四省交界的崇山峻岭地带,多股山贼占山为王,呼应作乱,且屡剿不灭,终成朝廷心头大患。为平定山贼,朝廷在江西赣州专门设立南赣巡抚衙门,管辖四省交界叛乱频发的地区。

　　正德十一年(1516),剿匪不力的南赣巡抚文森称病去职。兵部尚书王琼对王阳明的才能十分赏识,在王琼的推荐下,王阳明临危受命,接任南赣巡抚,主持防剿之事。正德十二年(1517)正月,王阳明到任赣州,立即整军备战,实行"十家牌法",切断山贼与山民之间的物质、情报往来,仅用两个多月就肃清了盘踞闽粤交界山区数十年之久的漳州山民暴乱。同年10月,王阳明打响平定江西南安诸贼之战,仅1个多月便攻破全部贼巢,匪首被擒斩。在1年多时间里,王阳明采取各个击破的策略,很快平定了为害南赣地区多年的山民暴乱,维护了社会的和平安定。此役也充分展示了王阳明高超的军事谋略与才能。

　　相比平定江西,王阳明更为后人所称道的事迹是他在非常仓促的情况下平定了宁王朱宸濠的谋反。明朝宁王世代坐拥江西南昌府,权势盖天。第四代宁王朱宸濠(系朱元璋五世孙)久蓄异志,于正德十四年(1519)6月在江西南昌举兵7万反叛,当时王阳明正奉旨赴福建平乱途中,闻之即刻折返吉安府募兵应变。此次平叛之战从宁王起兵到宁王被擒前后仅42天,平叛用兵之少、用时之短,创造了军事战争史上的奇迹,再次彰显了王阳明在军事指挥与谋略方面的旷世才干。

　　在叛乱初期,王阳明为了拖住朱宸濠直接攻击南京、北京,成功施用了"反间计"。他假造了一封以兵部名义命令各地军衙支援官军前往南昌平叛的公文,并故意让这封伪造的公文落到了朱宸濠的手里,使朱宸濠困守南昌20天。朱宸濠察觉上当后才发兵攻下江西九江,围攻安徽安庆,但一时无法攻破安庆。这极大挫败了叛军的锐气,也为王阳明调兵遣将赢得了宝贵时间。

　　平叛战斗打响后,王阳明又成功使用"围魏救赵"之策,解除了安庆之围。王阳明没有采纳部将发兵直接攻打安庆的建议,而是率3万精兵直取朱宸濠的老巢南昌,并很快攻占南昌,迫使朱宸濠回兵救援,从容化解安庆之围。回援叛军在鄱阳湖遇到王阳明精心布下的"口袋阵"伏兵,朱宸濠全军覆灭。至此,一场险些动摇明朝统治根基的动乱被彻底平息了。历代藩王作乱对当朝统治者危害最大,但明朝宁王朱宸濠的叛乱在王阳明的运筹攻伐下却未掀起大浪,不能不说是社稷黎民之福。王阳明以少胜多,挽救了明朝中途灭亡的命运,成为中国军事史上的经典战例。

可是,王阳明立了如此大功,不但没有得到朝廷的奖赏,反而遭到一系列的毁谤与陷害。明武宗甚至觉得王阳明这么快就轻而易举平定了叛乱丢了自己的面子,认为像这样的战斗应由他亲自带兵南征才能显示"皇威"。宦官张忠之流又诬陷他与朱宸濠串通,武宗竟要王阳明放了朱宸濠让他率军与朱宸濠再战……在这种情况下,王阳明只好连夜赶到钱塘,将朱宸濠交给太监张永,同时遵照武宗的旨意,重新报捷,将平叛的胜利归功于武宗。

王阳明在蒙受不白之冤、与小人斗智斗勇的过程中,再一次实现了思想上的飞跃,"自经宸濠、忠、泰之变,益信良知真足以忘患难,出生死",提出"致良知"学说。有了"致良知"三字,王阳明感觉像是"操舟得舵,平澜浅濑,无不如意,虽遇颠风逆浪,舵柄在手,可免没溺之患矣"。

悟道:"我心光明"——建立心学

1508 年一个春天的夜晚,王阳明在睡梦中突然惊醒,像着了魔一样喊叫起来。他的两个仆从被惊醒时,他已开始自言自语:"是了!是了!圣人之道从我们自己的心中求取,完全满足。从前枝枝节节地去推求事物的原理,真是大误。实际上,'格'就是'正'的意思,正其不正,便归于正。心以外没有'物'。浅近而言,人能'为善去恶'就是'格物功夫'。'物格'而后'知致','知'是心的本体,心自然会'知'。见父知孝;见兄知弟;见孺子入井,自然知恻隐;这便是'良知',不假外求。倘若'良知'勃发,就没有了私意障碍,就可以充足他的恻隐之心,恻隐之心充足到极点,就是'仁'了。在常人,不能够没有私意障碍,所以要用'致知格物'一段功夫去胜私复理,到心的'良知'没有障碍,能够充塞流行便是'致知'。'致知'就'意诚'了,把心这样推上去,可以直到'治国''平天下'。"

想到这里,王阳明感觉到胸中爽快异常,向着静寂的夜空一声长啸。这就是心学史的开篇"龙场悟道",归纳为八个字则是"吾性自足,不假外求"。用王阳明的解释就是,人人心中都有良知,良知无所不能,能解决一切问题,不需要任何外来帮助。

二、阳明心学：心外无物的境界

在讲"天下无心外之物"这一观点的时候，通常都会引到的一个例子，就是"山中花树"的故事。《传习录》记载，先生游南镇，一友指岩中花树问曰："天下无心外之物，如此花树在深山中自开自落，于我心亦何相关？"先生曰："你未看此花时，此花与汝心同归于寂。你来看此花时，则此花颜色一时明白起来，便知此花不在你心外。"

(一)"心外无物"事物的两种存在状态："寂"与"显"

王阳明在回答朋友时说，当你没有看到这个花的时候，这个花和你的心同归于寂。这个"寂"字太重要了，"寂"是存在还是不存在？我们可以说它绝不是不存在，不存在那就叫作"没有"。王阳明只是说这个花和你的心同归于寂，这个"寂"是事物存在的一种状态。如果用主观、客观这一类词语来说，"寂"就是王阳明所确认的关于事物的纯粹客观性的一种存在状态。而当你到这个山里来，看到这个花的时候，花一时分明起来。也就是说花原来的存在状态，在你没看到之前的存在状态是"寂"，现在你看到了之后花的状态是"分明起来"，花的状态由"寂"向"显"瞬间转换，存在的状态发生了改变，如此而已。特别强调一点，王阳明并没有说花是不存在的。王阳明揭示了一个事物当它以一种纯粹的客观性而存在的时候，它的状态是"寂"。这里还要分辨一点，就是王阳明讲心，讲心本体的自身存在状态是怎么样的，用到"寂"和"感"，或者说"静"和"动"。心的本体的存在，原本是寂的，是不动的，是静的，但并不是绝对不动，寂的同时包含着向显转换的无限可能性，不动包含着动的无限可能性。关键问题在哪里？王阳明说，心体原本是寂的，是静的，但是只要一旦有事物进入，瞬间就可以动起来，这叫作"寂感神应"。我们不能说哪个在前，哪个在后，而是同时显现的。再回到花的这个例子来说，花原本是以一种寂的状态而存在，这是在它成为主体对象之前的状态。我到山里看到这个花，花突然之间就成了我主体的对象，一种关系情境瞬间构成。正是在这种关系情境当中，那朵花以它自身原来的状态突然向我们呈现，改变了它自己的存在状态。这就是由寂向显转换，这个过程叫作"体用一源，显微无间"。王阳明告诉我们，任何事物的显现，任何事物的客观存在状态，只有在一种特定的关系情境之中，对象物或者说客观物才以其自身原本的样式显现给主体，我们才有可能去恰当了解客观物当前存在的真实状态。

（二）"心外无物"作为一种生命境界

王阳明所说的"心外无物"更重要的意义,是一种生命境界,是一种人生境界。仁者以天下万物为一体,天下一切事物都在仁者的关怀之列,万事万物都被仁者容纳入他的主体世界里,万事万物都是仁者要关心的。关心关心,与我心相关才有意义,与我心不相关就没有意义了。圣人扩充他的四端之心(恻隐之心,仁之端也;羞恶之心,义之端也;辞让之心,礼之端也;是非之心,智之端也),扩充他的仁义之心,将万事万物都能融入主体世界,这时心就与天下一切事物相关,达到最后的圆融境界——心外无物。

王阳明恰恰担心的是心外有物,心外有物就表示你对那个物漠不关心,不关心自然不会解决问题,而心外无物是将物当成自己主体心灵的一部分。王阳明要求每一个人都要致良知,使良知显现出来,并且通过主体的实践尽可能去扩展自己的心灵世界,使一切万物都能够进入主体世界,这样心就和天下一切事物相关,最后无心外之物。若有心外之物,便是良知有不到,便是心有私欲,所以心外无物是生命的一种崇高境界,一种宏大的无限扩大的生命境界。只要立志去做,"涂之人可以为禹""人皆可以为尧舜"。心外无物是一个仁者以天下之心为心的境界,与天下万物为一体的境界,心外无物就是把物当作主体的一部分,心灵的一部分。每一个人在现实生活中主体世界的自我建构完全取决于主体本身的自我实践,在日常生活中,应该按照心外无物的要求,尽量扩充良知,表达良知,在生活实践中将各事各物都纳入主体世界中。同时,主体世界正是在这种实践过程中不断地被建立起来,并且不断扩张,意义世界才会变得越来越宏大,主体世界也变得越来越宏大。弥纶天地之道,上下与天地同流。

三、王阳明的思想

"心学"的核心概念自然是"心",如何重建心体、发明本心,是王阳明思想的核心问题,这也就决定了阳明心学向内探求的特质。理解"心即理""知行合一""致良知"等,都应着眼于这一核心。

（一）心即理

程朱理学主张"性即理",认为人的本性由天所赋予,而天理作为人性的内容又规定了人的一切活动。因此,如何探求事物的道理,并使其作用于自身就构成了学问的首要问题。在此意义上，"格物"就是在事事物物上探求物理，"致知"就是向外去探求关于事物的知识，所谓"即物而穷其理"是也。并且，这一"即物穷理"的活动必须达到"凡天下之物，莫不因其已知之理而益穷之，以求至乎其极"的境界，才能够"豁然贯通"。在这样一种理学思想的指导下，为学的功夫就变成了拼命地向外穷索，使得精神外驰。王阳明早年也穷索朱子格物之学，然而"格竹"的失败使得他对于这样一种格物之学丧失了信心，随后转向佛老之学，最终在龙场悟道："圣人之道，吾性自足，向之求理于事物者误也。"

在王阳明看来，"心"具有十分丰富的含义。就人而言，心是人一切行为的主宰，因而具有人伦道德的含义。"天下无心外之事，无心外之理"，首先就体现在"发之事父便是孝，发之事君便是忠，发之交友、治民便是信与仁"，通过将外在的规范化为内心的道德意识与判断力，起到自我约束的作用。在王阳明的理解中，道德行为并不仰赖外在的规训与惩戒，而是源于内在的道德意志，并且，当且仅当人的善心发动之时的为善行为才具有价值，否则只是"百姓日用而不知"。在心与物的关系上，王阳明提出过一个著名的论点，即"意之所在便是物"。此处所谓"意"，指的是心体活动的自然呈现，与心体的纯然天理不同。"意"具有特定的指向，即特定的物，因此是人赋予万事万物意义、为外部世界立法的活动。此外，在王阳明的解读中，心作为"知觉灵明"不仅能够知觉、确立万物，还有主宰天地、鬼神的作用，"我的灵明，便是天地鬼神的主宰。天没有我的灵明，谁去仰他高？地没有我的灵明，谁去俯他深？鬼神没有我的灵明，谁去辨他吉凶灾祥？"王阳明通过高扬人的主体性，确立了人在天地之间的灵长地位。

(二)知行合一

知行关系既有程朱理学的影响，也是阳明心学的必然展开。程颐曾提出："君子之学，必先明诸心，知所养，然后力行以求至，所谓自明而诚也。"而在朱熹看来，知先行后，行重知轻："知之愈明，则行之愈笃，则知之益明。"虽然程朱也认可知行交养互发，但终究以知为先，将知行分作两件事。

王阳明对此持极力反对的态度。从"心即理"的内在逻辑展开而言，既然外物之理均在内心，那么行的准则与道理也并不在心外，只要知得真切，行也潜在地蕴含于其中。因此，王阳明认为知行关系是两者的辩证统一："知是行的主意，行是知的功夫。知是行之始，行是知之成。"人的任何实践活动都必然以人的认识作为指导，而人的任何认识都必然依赖于将认识付诸实践后才能得到验证。因此，"真知即所以为行，不行不足谓之知"，将一切的认知活动与实践结合起来，正是教人勿要枯守义理，而要于洒扫应对乃至修齐治平的具体实践中发现真知。正如王阳明尝举之例："如好好色,如恶恶臭。"见到美色自然会喜欢,并非将见的活动与喜欢的感情区分开来;闻到恶臭自然会厌恶,并非先闻到恶臭再有厌恶的感情,闻的知觉活动与厌恶的行为并不分离。因此,在个人修养问题上,王阳明强调:功夫即本体,将知视作本体,那么行的功夫也自然蕴含于其中,两者相即不离。

(三)致良知

王阳明曾言及:"吾平生讲学,只是'致良知'三字。"致良知的思想可以在儒家以往的文献中找到十分切近的来源:一则是《孟子》提出的"所不虑而知者,良知也",另一则是《大学》所谓"格物、致知、诚意、正心"的"致知"二字。朱熹将"致知"理解为在事事物物上探求物理,而王阳明则认为"致知"就是致吾心之良知。此处"致"不再是朱熹所谓的探求、考索之义,而是将"致"字解读为通达(即"至")与推行的含义,"决而行之者,致知之谓也"。

在天泉证道时,王阳明所提出的"四句教"更是将致知的功夫与正心、诚意、格物贯通起来:"无善无恶心之体,有善有恶意之动。知善知恶是良知,为善去恶是格物。"认为心体无善无恶,正心的功夫即是要维持心体的中正平和,不受任何善恶之念的干扰;认为意念有善有恶,那么诚意的功夫就是要切实地去扩充善念、遏制恶念;将格物理解为为善去恶,即是将自身为善去恶的意念扩而充之,作用于物。在此意义上,正心即是诚意,诚意即是致知,致知即是格物。四者并无决然的区分,而仅仅是条目的不同。在《大学问》中,王阳明将这一思想阐发得更为清楚明白:"盖身、心、意、知、物者,是其工夫所用之条理,虽亦各有其所,而其实只是一物。格、致、诚、正、修者,是其条理所用之工夫,虽亦皆有其名,而其实只是一事。"

四、王阳明家训

再不学,就老了——《寄诸弟》(戊寅)

【原文】

屡得弟辈书,皆有悔悟奋发之意,喜慰无尽!但不知弟辈果出于诚心乎?亦谩为之说云尔。

本心之明,皎如白日,无有有过而不自知者,但患不能改耳。一念改过,当时即得本心。人孰无过?改之为贵。蘧伯玉,大贤也,惟曰"欲寡其过而未能"。成汤、孔子,大圣也,亦惟曰"改过不吝""可以无大过"而已。人皆曰:"人非尧舜,安能无过?"此亦相沿之说,未足以知尧舜之心。若尧舜之心而自以为无过,即非所以为圣人矣。其相授受之言曰："人心惟危,道心惟微,惟精惟一,允执厥中。"彼其自以为人心之惟危也,则其心亦与人同耳。危即过也,惟其就就业业,尝加"精一"之功,是以能"允执厥中"而免于过。古之圣贤时时自见己过而改之,是以能无过,非其心果与人异也。"戒慎不睹,恐惧不闻"者,时时自见己过之功。吾近来实见此学有用力处,但为平日习染深痼,克治欠勇,故切切预为弟辈言之。毋使亦如吾之习染即深,而后克治之难也。

人方少时,精神意气既足鼓舞,而身家之累尚未切心,故用力颇易。迨其渐长,世累日深,而精神意气亦日渐以减,然能汲汲奋志于学,则犹尚可有为。至于四十五十,即如下山之日,渐以微灭,不复可挽矣。故孔子云:"四十五十而无闻焉,斯亦不足畏也已。"又曰,"及其老也,血气既衰,戒之在得"。吾亦近来实见此病,故亦切切预为弟辈言之。宜及时勉力,毋使过时而徒悔也。

【译文】

多次收到诸位弟弟的信,都有悔悟奋发向上的念头,我很欣慰! 但不知你们是真的诚心实意,还是随口一说。

我们的心因有良知,所以光明如青天白日,没有犯了过错却不知的人,最大的问题是不能改。一个改过的念头产生,马上去改,立即就会良知光明。凡是人,谁能不犯错? 有错就改才是最宝贵的。蘧伯玉,大贤人,还常常说,"少犯些错误却还没能做到"。商汤、孔子,都是圣人,还只是说"知错就改,就没有什么大错了"。很多人都会说"人非尧舜,怎么能没有过错?"其实这是人云亦云,人们根本不了解尧和舜。如果尧和舜自认为不会犯错,那他们就不能称为圣人了。他们传授下来都是说:"人心是会时常犯错所以难测的,道心是幽微难明的,只有自己心一意精诚恳切地秉行中正之道,才能功德圆满。"两人都认为人心是会犯错的,其实也就证明了他们的心和常人是相同的。人心惟危的"危"就是"过错"的意思,只有小心谨慎,下最纯粹的功夫,才能让我们秉行中正之道而免于过错。从前的圣人们一发现自己有过错,马上就改,所以才会没有过错,并非他们的心不同于常人。"在人看不到的地方也要警惕谨慎,在人听不到的地方也须唯恐有失"的人,都是时刻能见到自己的过错,而改正过错的人。我最近真切地意识到这种改过之学的用处,但是因为平时养成的不良习气根深蒂固,还欠缺改过的勇气,所以现在我郑重地急迫地预先地为诸位弟弟说这个方法。你们万不可如我一样,习气积重难返,改过可就难了。

人正青春年少时,精神饱满充沛,自身和家庭的负担还不是我们关心的问题,所以学习很容易。随着年纪的增长,精气神逐渐下降,特别是步入社会后,时常为生活而奔波劳累,学习就成了件比较难的事,但如果有志于学习,仍有可为。最要命的就是到了四十五十岁,正如落山的太阳,光亮和温度渐失,无可挽回了。所以孔子说："人到了四十五十岁如果还没有深切的志向，那这个人的人生基本上也就这样了。"孔子还说，"年纪一大，血气衰弱，就不要把得失放在心上了"。我最近也真正理解了这种病症，所以深切嘱咐诸位弟弟们。应该努力抓紧时间，千万不要等到以后才懊悔。

【评析】

此信提到了两个问题，一是改过，二是立志。值得注意的是此信的最后部分，它是一个亮点。

圣贤们曾说过，只要肯立志而学，什么时候都不晚。王阳明却说，会晚。人真正通过学习而光明良知的时间段就是少年时期，因为在这个时候，人的精气神都处于巅峰状态，有精力学习。尤为重要的是，这个时候不用为生计而发愁，能专心致志于学习，有时间学习。充沛的精力和充足的时间，能让我们通过学习脱胎换骨。一旦过了这个年纪精气神下降，成家立业后又受生计所困，立志学习的难度就非常大了。

这封信虽是王阳明写给弟弟们的，但何尝不可以看成是写给天下所有青年的？必须要抓住光阴，立志学习，一心一意地做圣贤学问。

五、叔本华的人生：从挫折到"悲观厌世"

1788 年 2 月 22 日，叔本华生于波兰但泽，1793 年但泽被割让给普鲁士王国，5 岁的叔本华随家迁居汉堡。叔本华的父亲是个富商，脾气暴躁，但精明能干，个性独立且热爱自由。在父亲的要求下，叔本华曾短暂经商，不过他很快就放弃了。但即便如此，这一短暂的经历也在叔本华身上留下了永久的印记，那就是他率直的性格，思维的现实主义倾向，以及对世界和人类的深入了解。叔本华 17 岁时，他父亲自杀身亡，由此他不得不与母亲单独生活在一起。

叔本华曾说，一个人的性格，意志遗传自父亲，智慧则遗传自母亲。叔本华的母亲确实是一个很有智慧的人，她同样来自但泽一个成功的商人家庭，活泼、爱交际，怀有文学梦想，最终成为一个浪漫派小说家，使她在有生之年比儿子更出名。她在儿子的生活中是一个重要的力量，但他们之间的关系从未充满温情。在婚姻方面也是如此，正如她自己所写的那样，她觉得没有必要对丈夫"假装有炽热的爱情"，还声称丈夫也并不期待这种爱。丈夫去世后，她得以自由地追求文学事业和爱情。她迁居到魏玛，在那里成立了一个艺术和学术沙龙，常常引来当时许多社会名流的光顾。叔本华与这个圈子中的一些人建立了联系，并从中受益。这些人当中尤其引人注目的有歌德和研究东方世界的学者弗里德里希·马耶尔，后者激发了叔本华对印度思想的毕生兴趣。

但是对于母亲热衷于自由爱情的生活方式，叔本华如同哈姆雷特反对母亲再婚一样反对他母亲这么做。通过与母亲的争吵，他获得了不少有关女人的片面性的真理，后来他曾借助于这些去推论哲学。他母亲给他的一封信说明了他们之间的恶劣关系："你使人无法容忍、令人生厌，很难同你一起生活；你的优良品质全被自负掩盖了。你的优点只因为你不能克制自己，总爱对别人吹毛求疵而变得毫无价值。"于是，他们决定分开生活，他只是在她举办家庭招待会时才和别的客人一样去看她——这样一来，他们就会如陌生人一样彼此尊重，而不像家庭成员那样相互憎恨。但有一次，歌德对叔本华的母亲说，你的儿子将会成为赫赫有名的人物，这把两人的关系彻底搞砸了——她从没有听说过一个家庭能出现两个天才，既然自己已经是一个天才了，那叔本华就不行。最后，在一次激烈的争执中，她把她的儿子兼对头赶了出去。于是，叔本华愤愤地正告他的母亲说，她只会由于他而留名后世。此后不久，叔本华就离开了魏玛，虽然他母亲又活了24年，但他再也没有去看望她。如同另一个天才拜伦一样，他们的命运差不多是被环境注定了是悲观的：一个未体验过母爱的人，或者更糟的是，只体验过母恨的人，没有什么理由迷恋这个世界。

同时，时代也在叔本华的身上打下了深深的烙印。1803年，叔本华踏上游学之路，途经荷兰、英国、法国、瑞士、奥地利等国，目睹了混乱肮脏的农村，贫穷困苦的农民，动荡悲惨的小镇，他震惊了。只要是拿破仑军队或是反拿破仑军队曾经经过的国家，都遭受了重创。莫斯科成为了废墟，战胜国英国虽然洋洋自得，但在其国内，农民却因为小麦价格下跌而变得一贫如洗，工人也因为尚未成熟的工厂体系失去控制，所有人都被笼罩在了恐惧之中。

毋庸置疑的是，欧洲革命失败了，欧洲的灵魂似乎一下失去了朝气，"乌托邦"渐行渐远，隐退到了暗淡的未来。年轻人可以放眼未来，年长者可以缅怀过去，但大多数人还是要活在当下，而当下已经是一片废墟。为了这场革命，多少英雄、多少信徒拼死奋战，但是"革命之子"拿破仑却在最后见异思迁，与反对法国大革命的奥地利的长公主玛丽·路易莎结婚，这让全欧洲的青年人无不失望透顶。贝多芬愤然撕去题有献词的作品扉页，并将《拿破仑波拿巴大交响曲》改名为《英雄交响曲》。虽然还有一些心怀梦想的年轻人依旧将信将疑，但是1815年滑铁卢的失败彻底宣告了拿破仑时代的终结。波旁王朝的复辟使一代人的理想最终破碎，陷入了深深的绝望。这确实是一出充满了喜剧效果的悲剧。

在这样的痛苦中，一些人选择了沉默，但还有一些人发出了刺耳的声音——他们认为，欧洲的混乱恰恰体现了宇宙的混乱，什么神圣的秩序，什么天国的希望，根本就是子虚乌有，上帝即便真的存在也是个睁眼瞎，笼罩整个地球的并不是什么爱，而是深深的邪恶。这些人中有诗人，比如英国的拜伦、法国的缪塞、俄国的普希金、意大利的莱奥帕尔迪；有作曲家，比如奥地利的舒伯特、德国的舒曼、波兰的肖邦，当然也包括贝多芬；更为重要的是，正是这个时代诞生了一名影响深远的悲观主义哲学家——叔本华。

在经历了这些之后，叔本华变得忧郁、多疑、愤世嫉俗，内心充满了恐惧，幻想着种种不幸发生在自己身上。他从来不上理发店，从不忘记把自己的烟斗牢牢锁好，甚至在睡觉时还要在床边放一把上膛的手枪。叔本华忍受不了噪声，他曾说一个人所能承受的噪声量和他的智力是成反比的，此时的叔本华已经变得妄想偏执、孤芳自赏。叔本华没有母亲，没有妻子，没有孩子，没有家庭，没有朋友，甚至也没有自己的祖国，他是一个纯粹意义上的孤独者。不过他真的孤独吗？也许未必，因为他已经对一切表现得无动于衷了，将全部的热忱和精力都投入到了巨作《作为意志与表象的世界》中。这本书一举奠定了叔本华在哲学界中独一无二的地位。

六、叔本华的哲学

叔本华的意志论

叔本华坚定地认为，只通过观察物质进而考察思想的方法是无法解开形而上学谜团的，也无法发现现实那隐秘的本质，我们必须从我们熟悉的能够直接认识的地方开始，那就是我们自己。如果从外在出发，我们永远都掌握不了事物的真正本质。因为无论付出多大努力，我们所得到的只是一些图像和名称。叔本华说，让我们深入内部吧，如果我们发现了心灵的终极本质，那么我们可能就拥有了认识外部世界的金钥匙。那么心灵的终极本质是什么呢？叔本华的答案是意志，这就是所谓的作为意志的世界。

叔本华在《作为意志与表象的世界》中写道，意志行为和身体活动并不像人们通常认为的那样，是由因果关系连接的两个不同事物，意志行为和身体活动之间不存在任何因果关系，而是一个整体，但是两者的表现方式完全不同，意志行为是直接表现，而身体活动则需要通过人的感知。身体的动物不过是客观化的意志行为，整个身体也不过是客观化的意识，所以身体的各个部分必须完全符合人的首要欲望。牙齿、喉咙、肚肠是客观化的饥饿，传宗接代的生殖器是客观化的性欲，整个神经系统构成了意志的触角向内外伸展。正如人类的一般肉体符合人类的一般意志，个人的身体结构也符合个人特定的意志，这种特定的个人意志就是人的性格。说白了，我们身体之所以如此，都是潜在的意志所赋予的。叔本华认为理性会疲劳，但是意志是永远不会疲劳的。理性需要睡眠,但意志即使是在睡眠中也依然不停工作。在睡眠时人的生命会降至植物人的水平,这时候意志就可以完全依着自己的本性运转,不受任何外界的影响,也不会有大脑活动和认知活动来削弱其力量。所以说即使是最聪明的人,每天晚上也会做一些离奇而荒谬的梦,这就是意志的体现。当然从睡梦中醒来后,我们就得马上投入到思考中去。总之,叔本华想要告诉我们的就是意志是人的本质,没有意志,人的一切即便客观上存在,但都无从谈起。那么对于无生命的物质来说,它们的本质又是什么呢?叔本华认为同样是意志。叔本华反对意志是自然力的一种形式的说法,相反他的观点是自然力是意志的一种形式。而因果关系究竟是什么?叔本华的答案同样是意志,除非归一于意志,否则因果关系就永远只是一个毫无意义的神秘公式。

叔本华认为,地球上的生命形式越是低的,我们就越难发现理性的作用,但是意志并非如此。对于我们人类来说,意志是在认识的指引下追求长远目标,而对于低等生命来说,一直是以片面静止的方式,盲目而笨拙地奋发向上。那么在这两种情况下,无意识是所有事物的原始自然状态。当某些生物物种进化至极致而产生意识时,无意识依然是其意识的形成基础。大多数存在物是没有意识的,但其会根据各自的自然法则,也就是根据各自的意识规律来行使。植物最多拥有一种极为微弱的近似意识的能力,最低等的动物的意识仍处于萌芽状态,但是即使经过无数岁月进化到了人,并且拥有了理性,其最初的植物无意识依旧是一切的基础。所以叔本华赞同亚里士多德的观点,那就是在植物和星体体内、在动物和人类体内,有一种力量能够塑造出各种外形。这些本能或者说是意志,不论是动物的还是大自然中的,一直天然优于理性。比如说一头大象,即便在人类的带领下走过了数百座大桥,但是当遇到一座断桥时,它是绝对不会前进的。同样的,一只小狗也不敢从高处跳下来,这些动物的行为显然没有经过推理,而是通过本能,这是意志的表现,而不是理性的表现。

叔本华的生死观

生存的意志是一种追求完满生命的意志,因为对于芸芸众生来说,生命都是最为宝贵的,这就是生命意志,而死亡就是它永恒的敌人。那么意志能够战胜死亡吗?叔本华认为这是可以的,因为不仅有生命意志,还有生殖意志,也就是说意志能够通过牺牲自己繁殖后代的方式来战胜死亡。关于为了繁殖牺牲自己,在动物界中的例子不胜枚举,而人类其实也是如此,人类为了孩子的温饱和教育,含辛茹苦、不辞辛劳,所以说生殖是一切有机体的终极目标,也是一切有机体最强烈的本能,因为唯有通过生殖意志才能征服死亡。而且为了确保可以成功地征服死亡,生殖意志几乎是完全不受认识或反思的控制。

叔本华的爱情观

叔本华认为,父亲服从母亲,父母服从孩子,个体服从物种,这一切都是爱的形而上学在起作用。首先,配偶的选择很大程度上取决于双方是否适合生育,尽管该选择过程不知不觉发生,但确实是基础,这就是性吸引法则。所以叔本华认为那些以爱情为基础的婚姻是令人沮丧的,因为婚姻的目的不是愉悦自己,而是延续物种。一旦达到生殖目的,大自然才不管父母双方是否永浴爱河。这样看来,由父母包办的婚姻往往比基于爱情的自主婚姻更为幸福。不过叔本华也承认,从某种意义上说,那些反对父母意愿为爱情而结婚的人也是令人赞叹的,因为他们选择了更重要的东西。父母的包办可能是出于利益,但是自主选择的行为符合大自然的精神,所以爱情才是最佳的优生基础。但叔本华也尖刻地指出,爱情是大自然设下的骗局,因为在婚姻中爱情会慢慢消失,人类对爱情的幻想也会随之烟消云散,唯有哲学家才能在婚姻中感到快乐,但哲学家是不结婚的。叔本华说,有这样一样东西,它只对整个物种有价值,但是如果该物种的一个个体认为这样的东西对其个人也有价值,那么这样东西就会成为其幻想。人类的激情便依赖于这种幻想,没有幻想就没有激情。所以物种在达到自己的目的以后,大自然设下的骗局也就消失了,此时这个个体就会发现自己上当了。

七、中外比对:王阳明的阳明心学与叔本华的意志论

王阳明与叔本华虽相隔三个世纪,却有着相似的文论主张。王阳明的心学打破了程朱理学对"理"、对圣贤之道的宣扬,开始正视人的内心,发现了人。而叔本华的意志论打破人们对理性主义的颂扬,在表象中大肆赞扬直观表象,把人的意志作为世界的本原,肯定人性、人欲,是继笛卡尔"我思故我在"后最具影响力的主体认识论。因此,二者皆是对人的发现。此外,他们对生命、生存等问题都有所涉及。

"心外无物"与"意志论"

王阳明主张"心外无物""心外无理",认为"心即理也。天下又有心外之事、心外之理乎?""心外无物,心外无事,心外无理,心外无义,心外无善"。此外,他还强调"身之主宰便是心,心之所发便是意"。他张扬人性、肯定人欲,改变了长期以来以理压制心,用圣贤之书规劝人心的现象。而这与叔本华"世界是我的表象""世界是我的意志"又是何其的相似? 叔本华说:"一切表象不管是哪一类,一切客体都是现象,唯有意志是自在之物。"他认为直觉、顿悟、体验才是认识世界的基本方法,认为这种在理性认识范围之内的不可遏止的冲动和生存欲望的非理性存在才是本初的存在方式。

二者都肯定人性、高扬人性，将人从理性中解放了出来。但在人、理关系的处理上，王阳明高于叔本华。

王阳明在肯定人"心"的时候不是像叔本华一样就把"理"给搁置了。在心与理的关系上，王阳明主张"心即理""理即心"，是将心与理及心与物一体化。他认为心与理是互构的："寂"状态下的理唯有在人的意识活动中才能转换为"显"状态下的理，这是心为体、理为用；而人的意识活动离不开意识对象，所以理的意识活动离不开理的意识对象，这是理为体、心为用。叔本华却是选择将主、客体截然分开，大力批判理性，否定它的合理性。就当下最为合理的主体间性理论来看，王阳明这种心虽向内却不忘天理的"心即理"的文论形式显得更高明、更可取。

值得注意的是，二者口中的"理"虽有相通之处，但绝不是指同一种概念。王阳明长期受儒教文化熏陶，也曾入世为官，所以他所说的"理"更多的是一种道德伦理。一直以来，西方都是重逻辑、重思辨，因此叔本华口中的"理"更倾向于哲学上的概念。正是因为二者所言说的"理"不同，才会产生两种不同的处理方式。

对生存问题的阐释

生命、生存、人生一直是叔本华所关注的问题。在他看来，意志是盲目的，是不可遏止的欲求，所以人类永远无法得到满足，永远处在痛苦与无聊中。由此他判断，人生就是悲剧。而解决这一生存困境的办法就是艺术，因为"只要纯粹的美感还在，我们的人格，我们的欲求及经常的痛苦都消失了"。但艺术只能让人暂时地摆脱意志的桎梏，所以他又提出了禁欲。不过他的禁欲又是对自己意志论的瓦解，禁欲的提出反倒推翻了他自己的学说。因为意志本就是指一种不可遏止的欲望，而禁欲却压制着意志，违背了意志论的宗旨。

生存问题时刻都存在着，特别是对一些主张个体、人性的学说来说显得更为紧迫。但王阳明的处理方式却更为温和。他为了保证人的主体地位、人的价值得以延续和发展，就人欲可能带来的弊病提出了"致良知"的解决方案。他认为"良知即天理"，二者可为一种互构关系。良知是制定伦理规范的根本依据，一切伦理规范都应符合人天生的向善本性，即人心中的天生良知有建构外在伦理规范的作用。此外，伦理规范有助于人区分良知与私欲，巩固人的良知，因此他主张通过向伦理规范高尚的人学习来提升良知。在他看来，凡是被私欲蒙蔽的，皆可通过学习来致良知，以良知来战胜私欲。

同样是动荡的时代，同样是挫折的人生，虽然王阳明和叔本华相隔了三个多世纪，但两位伟大哲人张扬人性、心系生命、重情求真，他们把直觉、顿悟、体验作为认识世界的基本方式，成为了时代的代言人。

课后作业：

1.阅读王阳明的《传习录》,试图构建自己的主体价值世界。

2.我们今日如何更好地继承并发扬阳明心学？

3.你觉得叔本华的意志的世界有无逻辑问题？谈谈你的看法。